D1671368

Franz Mühl

Erfolgstips für den
Ziergarten

Schmuckpflanzen und Rasen
richtig pflegen

Im Falken-Verlag sind von Franz Mühl bisher folgende Titel erschienen:
„Erfolgstips für den Gemüsegarten" (Nr. 0674)
„Erfolgstips für den Obstgarten" (Nr. 0827)

CIP-Kurztitelaufnahme der Deutschen Bibliothek

Mühl, Franz:
Erfolgstips für den Ziergarten: Schmuckpflanzen u. Rasen richtig pflegen /
Franz Mühl. – Niedernhausen/Ts.: Falken-Verl., 1988
(Falken-Bücherei)
ISBN 3-8068-0930-5

ISBN 3 8068 0930 5

© 1988 by Falken-Verlag GmbH, 6272 Niedernhausen/Ts.
Titelbild: Reinhard-Tierfoto, Heiligkreuzsteinach-Eiterbach
Fotos: Franz Mühl, Frankfurt
Zeichnungen: Franz Mühl, Frankfurt
Die Ratschläge in diesem Buch sind von Autor und Verlag sorgfältig erwogen
und geprüft, dennoch kann eine Garantie nicht übernommen werden.
Eine Haftung des Autors bzw. des Verlages und seiner Beauftragten für
Personen-, Sach- und Vermögensschäden ist ausgeschlossen.
Gesamtherstellung: Neuwieder Verlagsgesellschaft mbH, Neuwied

817   2635   4453   6271

Inhaltsverzeichnis

Anstelle eines Vorworts

Wie lieblich duftet uns
im März der Seidelbast.
Doch innerwärts ist er voll
Gift und Galle,
weil wir in diesem Falle
das Wunder nur beschauen sollen
(man muß nicht alles kauen wollen!).

(Waggerl)

Gartenplanung vor dem ersten Spatenstich

Freizeitgärtner sollten sich vor dem ersten Spatenstich stets umfassende fachliche Informationen verschaffen. Gartenbücher reichen da meist nicht aus, auch dieses nicht. In allen Landesteilen der BRD gibt es Beratungsstellen und gärtnerische Lehranstalten, die kostenlos Auskunft und beratende Hilfe geben.
Eine sorgfältige Planung ist wichtig, da rein gefühlsbetontes Gestalten meist zu Fehlern führt, die später oft nur schwer wiedergutzumachen sind.
Vor Beginn der Gartenarbeit ist deshalb ein Planspiel zu empfehlen:
Man zeichnet den Gartengrundriß im Maßstab 1:100 auf ein Papier und trägt schon Feststehendes wie Wohnhaus, Laube, Bäume, Zaun und Hauptweg ein (siehe Abbildung S. 10).
Danach werden die geplanten Anlagen wie Kinderspielecke, Kompost- und Grillplatz und Gemüse- und Kinderbeete aus farbigem Karton maßstabgerecht ausgeschnitten.
Wie bei einer Wohnungseinrichtung verschiebt man dann die Kartonstückchen so lange, bis alles seinen richtigen Platz gefunden hat. Beim Ausschneiden der Bäume und Sträucher muß die Wuchsausdehnung in 10 Jahren, auch im Hinblick auf die Grenzabstände, berücksichtigt werden (Nachbarrecht). Großkronige Bäume scheiden aus.

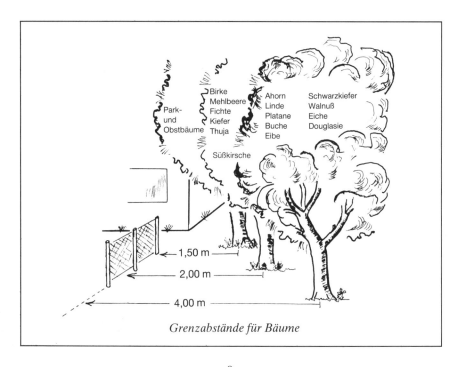

Grenzabstände für Bäume

Vermessung der Gartenfläche
mit einer Standlinie

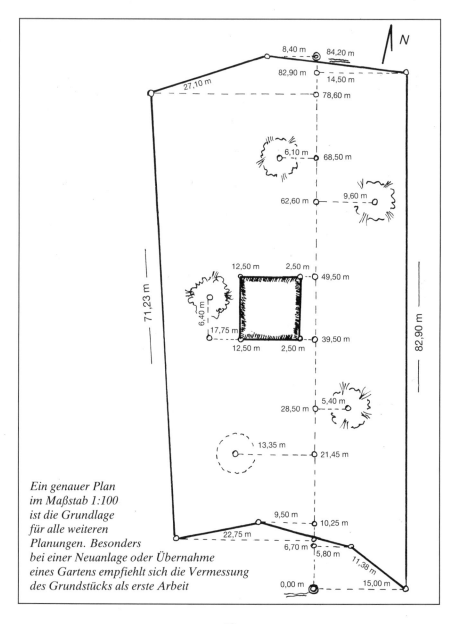

*Ein genauer Plan
im Maßstab 1:100
ist die Grundlage
für alle weiteren
Planungen. Besonders
bei einer Neuanlage oder Übernahme
eines Gartens empfiehlt sich die Vermessung
des Grundstücks als erste Arbeit*

Wege

Haupt- und Seitenwege sollten als erstes angelegt werden.

Hauptwege   Sie sollten mindestens 100 cm breit sein. Um eine solide Befestigung zu erhalten, sind als Baumaterial Platten oder Betonpflaster empfehlenswert. Die Seitenbefestigung ist mit Kantsteinen abzugrenzen. Der Hauptweg muß durchaus nicht in der Mitte des Gartens liegen. Zur optischen Auflockerung ist eine versetzte Anordnung, begleitet von Spalierobst oder Beerenobststämmchen mit Schmuckstauden, empfehlenswert.

Seitenwege   Eine Breite von 50 bis 70 cm mit leichter Befestigung, etwa Felsenkies, ist angebracht. Auch hier sind Kantensteine zweckmäßig. Auch auf Seitenwegen muß das Befahren mit Schubkarren – zum Transport von Kompost oder Erntegut – möglich sein.

Tretpfade   Tretpfade zwischen Blumen- und Gemüsebeeten sind grundsätzlich 30 cm breit zu planen, damit man gut quer darauf stehen kann. Die Beete können bis zu 120 cm Breite angelegt werden. So kann man sie von beiden Seiten noch bequem bearbeiten.

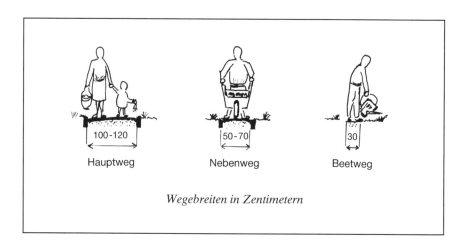

Hauptweg   Nebenweg   Beetweg

Wegebreiten in Zentimetern

11

Entnahme von Bodenproben

Um einen Einblick in den Nährstoffhaushalt des Bodens zu bekommen, ist eine Analyse erforderlich. Die Entnahme von Bodenproben geht folgendermaßen vor sich:
- Mehrere spatentiefe Löcher ausheben; an jeweils einer Seite muß die Wand glatt sein.
- An dieser Wand die Erde von unten nach oben abkratzen.
- Proben aus den Entnahmestellen gut mischen; für die Mischprobe sind insgesamt 500 g Erde ausreichend.
- Nur etikettierte Proben an die Bodenuntersuchungsanstalten versenden.
- Die Institute geben außer der Bodenanalyse auch eine Düngeempfehlung. Nährstoffuntersuchungen sind alle 2 bis 3 Jahre empfehlenswert.

Entnahme von Bodenproben

Der pH-Wert

Der pH-Wert gibt Auskunft über den Kalkgehalt des Bodens. Davon ist unter anderem die Pflanzenverfügbarkeit von Nährstoffen abhängig. Diese Untersuchung kann man mit einfachen, preiswerten Geräten selbst durchführen.

unter pH 6	stark sauer
	geeignet für Moorbeetpflanzen, Koniferen, Rhododendron, Azaleen und Gartenheidelbeeren
pH 6.5 bis 7	schwach sauer bis neutral
	geeignet für die meisten Gartengewächse
über pH 7	neutral bis alkalisch
	problematisch für die meisten Gartengewächse; das Überangebot von Kalk legt Eisen im Boden fest, wodurch Blätter wegen Eisenmangels vergilben (Kalkchlorose)

Der Garten ist doch kein Wald – Leute, schafft Luft!

Dieser Ausruf ist häufig berechtigt angesichts zahlreicher, mit Laubbäumen und Nadelgehölzen überladener Gärten. Allen voran steht der „Volksbaum Nummer 1", die Blaufichte. Dazu gesellen sich noch jede Menge Blütensträucher und mickeriger Rhododendren. Selbst in kleinsten Gärten sieht man, entlang des Nachbars Zaun, die obligatorische Reihe Omorikafichten, mittlerweile acht und mehr Meter hoch. Sind Nachbarn immer so unerträglich, daß sich jeder – oft sogar doppelt – einigeln muß? Die Blauzeder in der Gartenmitte, in der Baumschule noch so putzig, ging nicht nur in die Höhe, sondern rempelt jetzt ihre Nachbarn an und schafft durch ihre Wurzeln am Haus Probleme. Niedliche Birkenteenager entwickelten sich zu mächtigen Matronen, die nichts in ihrer Nähe dulden, weil sie Wasser und Nährstoffe an sich reißen. Und dann gibt es da noch die Korkenzieherweiden, Japanischen Kirschen und die vielen anderen „Jugendschönheiten". Im Laufe der Zeit werden diese Gärten optisch immer kleiner, immer stickiger, immer schattiger. Ja, sind denn das noch Gärten? Hier müssen Axt und Säge her, um Luft zu machen, um Licht zu schaffen. Vielleicht gibt es dann auch Platz für Blütenstauden, Rosen, Sommerblumen, Gemüse, Beerenobst und Kräuter. Es muß ja nicht alles weg, sondern nur das Vielzuviele, Vielzuhohe, Vielzubreite. Unsere Freizeitgärten sind nun einmal keine Parks!

Blütenkalender der Laubgehölze

In der folgenden Tabelle sind speziell für kleinere Gärten verwendbare Gehölze aufgeführt. Die Einteilung erfolgt nach dem Blütezeitpunkt.

Laubgehölze

Deutscher Name *Botanischer Name*	Blütezeit Blütenfarbe Wuchshöhe in cm	besondere Hinweise
Schneeheide *Erica carnea* *(Erica herbacea)*	Jan. – April rot, rosa, weiß 20–30	anspruchslos an Boden und Licht; Gruppenpflanzung empfehlenswert; nach der Blüte zurückschneiden
Zaubernuß *Hamamelis mollis*	Jan. – März gelb/rot über 300	nur Einzelstellung; Blüten am vorjährigen Holz; leicht duftend; schöne Herbstfärbung

Laubgehölze (Fortsetzung)

Deutscher Name *Botanischer Name*	Blütezeit Blütenfarbe Wuchshöhe in cm	besondere Hinweise
Winterjasmin *Jasmin nudiflorum*	Dez. – März gelb bis 500	kein Kalkboden; Spreizklimmer für Zäune, Pergolen und Wände an Südseite, auch im Halbschatten
Kornelkirsche *Cornus mas*	März – April gelb über 300	kalkverträglich; sonniger bis schattiger Standort; Früchte eßbar; auch für streng geschnittene Hecken
Seidelbast *Daphne mezereum*	März – April purpur, rosa 80–100	schattenverträglich; nach der Blüte schöner Fruchtschmuck (giftig); leichter Duft; nicht schneiden!
Sternmagnolie *Magnolia stellata*	März – April weiß bis 300	saurer Boden; geschützter Standort; langsam wachsend; reichblühend und duftend; nicht schneiden
Felsenbirne *Amelanchier laevis*	April – Mai weiß bis 500	alle Böden in Sonne bis Schatten; mehrstämmiger Strauch mit schöner Blüte; auch zum Treiben; eßbare Früchte, schöne Herbstfärbung
Japanische Scheinquitte *Choenomeles japonica*	März – April Rottöne bis 200	anspruchslos an Boden und Standort; auch für niedrige Hecken geeignet; Früchte zierend und als Zusatz zu Gelees verwendbar; hoher Pektingehalt
Forsythie *Forsythia x intermedia* 'Lynwood'	April – Mai goldgelb bis 300	anspruchslos an Boden und Standort; sofort nach der Blüte auslichten; zum Treiben geeignet
Mahonie *Mahonia aquifolium*	April – Mai gelb bis 150	immergrün; anspruchslos an Boden und Standort; auch für Heckenpflanzung geeignet; Früchte in geringen Mengen als Zusatz zu Marmeladen brauchbar

Laubgehölze (Fortsetzung)

Deutscher Name Botanischer Name	Blütezeit Blütenfarbe Wuchshöhe in cm	besondere Hinweise
Blutjohannisbeere Ribes sanguineum 'King Edward'	April – Mai tiefrot bis 200	anspruchslos an den Boden; Sonne bis Halbschatten; wertvolle Bienenweide; auch für Hecken; ältere Büsche auslichten; zum Treiben geeignet
Brautspiere Spiraea x arguta	April – Mai weiße Rispen bis 200	völlig anspruchslos an den Boden; auch für geschnittene und lockere Hecken empfehlenswert; wertvoller Strauch
Spiraea thunbergii	bis 150	Eigenschaften wie Spiraea x arguta
Duftschneeball Viburnum x carlcephalum	April – Mai weiße, kugelige Dolden bis 200	für sonnige, schwach saure Lagen; schöne Herbstfärbung; nicht schneiden; stark duftender, schöner Strauch
Maiblumenstrauch Deutzia gracilis	Mai – Juni weiße Rispen bis 100	anspruchsloser Kleinstrauch für Rabatte und lockere Hecken; jährlich auslichten
Ranunkelstrauch Kerria japonica 'Plena'	Mai – Sept. goldgelb bis 200	für wärmere Lagen; in jedem Boden; jährlicher Winterschnitt wichtig; Blüten sind stark gefüllt
Strauchpaeonie Paeonia suffruticosa	Mai – Juni viele Farben bis 200	sehr wertvoller Strauch für warme Lagen und humose Böden; zahlreiche einfach und gefüllt blühende Sorten; Blüte am vorjährigen Holz; duftend
Fingerstrauch Potentilla fruticosa 'Klondike'	Mai – Okt. tief goldgelb bis 100	für volle Sonne; auch auf trockenen Standorten; verwendbar als lockere und geschnittene Hecke, auch in Einzelstellung
Potentilla fruticosa 'Goldteppich'	bis 60	niedrig und breit; bodendeckend

Laubgehölze (Fortsetzung)

Deutscher Name *Botanischer Name*	Blütezeit Blütenfarbe Wuchshöhe in cm	besondere Hinweise
Niedrige Blutpflaume *Prunus cerasifera* *'Nigra'*	Mai weißrosa bis 250	anspruchsloser, wertvoller Strauch mit dunkelrotem Laub; blüht am vorjährigen und mehrjährigen Holz
Feuerdorn *Pyracantha coccinea* *'Red Column'*	Juni weiß bis 200	keine Anpflanzung in Obstbaumnähe, da Krankheitsüberträger; für Einzelstellung und Hecken geeignet; feuerroter Fruchtschmuck
Flieder *Syringa* *Verschiedene Arten* *und Sorten*	Mai viele Farben bis 500	kalkhaltiger Boden in sonniger Lage; tief pflanzen, damit die Veredelung eigene Wurzeln bildet; verträgt jeden Schnitt; verblühte Blütenstände herausschneiden
Weigelie *Weigela-Hybriden* *'Eva Rathke'*	Juni – Okt. karminrot bis 200	saurer Boden in sonniger bis halbschattiger Lage; Dauerblüher; bei älteren Sträuchern ist ein Auslichtungsschnitt für eine gute Blütenbildung notwendig
Hängebuddleie *Buddleja alternifolia*	Juni lavendel bis 300	für trockene, vollsonnige Lagen; schöner, duftender Blütenstrauch; mit zunehmendem Alter sehr breit
Großblumiger Johannisstrauch *Hypericum* *'Hidcote'*	Juni – Okt. dunkelgelb bis 150	für alle Böden in vollsonniger bis halbschattiger Lage geeignet; als Hecke oder Solitär; sehr schöner Dauerblüher
Rote Sommerspiere *Spiraea* *'Anthony Waterer'*	Juli – Sept. karminrot bis 150	für jeden Gartenboden in Sonne; als lockere und geschnittene Hecke; sehr schöner Dauerblüher
Kugelschneeball *Viburnum opulus* *'Roseum'*	Juni weiße Bälle bis 400	Strauch für alle Böden in Sonne bis Schatten; sehr starker Läusebefall bei unzureichender Bewässerung

links oben: Flieder, Syringia (siehe S. 16)
rechts oben: Japanische Scheinquitte, Choenomeles japonica (siehe S. 14)
Mitte links: Garteneibisch, Hibiscus syriacus (siehe S. 19)
Mitte rechts: Zaubernuß, Hamamelis mollis (siehe S. 13)
unten: Kornelkirsche, Cornus mas (siehe S. 14)

links oben: Rhododendron 'Boursault' (siehe S. 23)
rechts oben: Azalee 'Berryrose' (siehe S. 26)
links unten: Lorbeerrose, Kalmia (siehe S. 21)
rechts unten: Fruchtskimmie, Skimmia japonica (siehe S. 22)

Laubgehölze (Fortsetzung)

Deutscher Name *Botanischer Name*	Blütezeit Blütenfarbe Wuchshöhe in cm	besondere Hinweise
Schmetterlings- strauch *Buddleja davidii*	Juli – Sept. viele Farben über 250	dekorativer, anspruchsloser Blüten- strauch für trockene, sonnige Lagen; jährlicher Rückschnitt fördert die Blühwilligkeit Weiß: Sorte *'Peace'* Blau: Sorte *'Empire Blue'* Purpur: Sorte *'Royal Red'*
Sommerheide *Calluna vulgaris*	Juli – Okt. viele Farben 15–60, je nach Sorte	für magere, kalkfreie Böden in voller Sonne geeignet; nur in Gruppen pflan- zen, da sie von Mikorrhiza-Pilzen ab- hängig sind; regelmäßig nach der Blüte zurückschneiden
Garteneibisch *Hibiscus syriacus* *verschiedene Sorten*	Juli – Sept. viele Farben bis 200	für sauren Humusboden in vollsonni- ger Lage verwendbar; gefülltblühende und jüngere Pflanzen sind nicht ganz frosthart; wertvolle Sommerblüher; ein mäßiger Rückschnitt ist nur kurz vor dem Austrieb durchzuführen
Bartblume *Caryopteris* *x clandonensis* *'Heavenly Blue'*	Aug. – Sept. dunkelblau bis 100	für sandigen Boden in voller Sonne; wertvoller, spätester Dauerblüher; be- nötigt Winterschutz
Schönfrucht *Callicarpa bodinieri* *'Profusion'*	Blüte unbedeutend über 200	für leichtere Böden in geschützter Lage; rötlichvioletter Fruchtschmuck im Herbst von sehr großem Zierwert

Wuchshöhen und Kronenbreiten

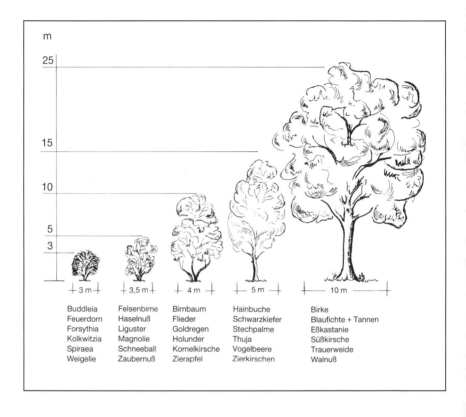

Buddleia	Felsenbirne	Birnbaum	Hainbuche	Birke
Feuerdorn	Haselnuß	Flieder	Schwarzkiefer	Blaufichte + Tannen
Forsythia	Liguster	Goldregen	Stechpalme	Eßkastanie
Kolkwitzia	Magnolie	Holunder	Thuja	Süßkirsche
Spiraea	Schneeball	Kornelkirsche	Vogelbeere	Trauerweide
Weigelie	Zaubernuß	Zierapfel	Zierkirschen	Walnuß

Immergrüne Laubgehölze

Wer auch in der kalten Jahreszeit Grün im Garten haben will, der sieht, daß Koniferen zwar von der Form her sehr reizvoll sind, die Immergrünen jedoch auch noch durch ihre Blüte und den Fruchtschmuck anziehend wirken.

Immergrüne Laubgehölze

Deutscher Name *Botanischer Name*	Blütezeit Blütenfarbe Wuchshöhe in cm	besondere Hinweise
Kissenberberitze *Berberis candidula*	Mai – Juni gelb bis 120	auch in trockenen, kalkhaltigen Böden in Sonne bis Halbschatten; langsamer, geschlossener Wuchs; einzeln oder als niedrige Hecken; sehr wertvoll
Buchsbaum *Buxus sempervirens* 'Handsworthiensis'	Blüte unbedeutend bis 250	kalkhaltige, feuchtere Böden in Sonne bis Schatten bevorzugt; geschlossener, buschiger Wuchs mit großen Blättern; erst nach Frösten schneiden
Strauchmispel *Cotoneaster salicifolius var. floccosus*	Juni weiß 300	sehr trockene Böden in Sonne bis Halbschatten; malerischer Wuchs für Solitär und Hecken; roter, schöner Beerenschmuck bis zum Frost
Stechpalme *Ilex aquifolium* 'Blue Prince' *und* 'Blue Princess'	Blüte unbedeutend bis 200	kalkhaltiger Boden im Halbschatten bevorzugt, sonst anspruchslos; nicht düngen; langsamer Wuchs mit sehr dekorativen Blättern; außerordentlich zierender Beerenschmuck, wenn weibliche und männliche Pflanzen zusammengesetzt werden; sehr wertvoll
Lorbeerrose *Kalmia angustifolia* 'Rubra'	Juni – Juli dunkelrot bis 150	Ansprüche wie Rhododendren, kann jedoch einzeln stehen; schmückend in Blüte und Blatt
Niedrige Mahonie *Mahonia aquifolium* 'Apollo'	April – Mai gelb 100	kalkfreier, humoser Boden in Sonne und Halbschatten; wächst langsam, mehrtriebig und kompakt

Immergrüne Laubgehölze (Fortsetzung)

Deutscher Name *Botanischer Name*	Blütezeit Blütenfarbe Wuchshöhe in cm	besondere Hinweise
Schmuckmahonie *Mahonia bealii*	Mai – Juni gelb bis 300	für halbschattigen, geschützten Standort; dekoratives Einzelgehölz mit derben, bis 40 cm langen Fiederblättern
Lorbeerkirsche *Prunus laurocerasus* 'Otto Luyken'	Mai weiß bis 150	kalkarme, humose Böden bevorzugt; in Sonne bis Halbschatten; langsamer, kompakter Wuchs; reich blühend
Fruchtskimmie *Skimmia japonica*	Mai gelblichweiß bis 100	Ansprüche wie Rhododendron, jedoch auch Einzelstellung; zierend in Blüte und Frucht; männliche und weibliche Pflanzen verwenden
Kissenschneeball *Viburnum davidii*	Juni rosaweiß bis 100	Rhododendrenlage bevorzugt; zierend in Blüte und Frucht; vor Wintersonne schützen

Rhododendren und Azaleen

Die meisten unserer Gartenböden und Klimaräume bieten für Rhododendren und Azaleen keine optimalen Voraussetzungen. Dies gilt auch für andere Moorbeetpflanzen wie Gartenheidelbeere, Preiselbeere, Lavendelheide *(Pieris)*, Lorbeerrose *(Kalmia)* und etliche andere. Ausnahmen bilden der Vorfrühlingsrhododendron, *Rhododendron x praecox* und die Echte Alpenrose, *Rhododendron ferrugineum*. Rhododendren, zu denen botanisch auch die Azaleen gehören, verlangen sauren Humusboden mit hohem Grundwasserstand und hoher Luftfeuchte. Sie wurzeln extrem flach und wollen stets in Gruppen der gleichen Art zusammenstehen.
Häufig zu sehen: Ein einzelner Rhododendron im Rasen, völlig verkalkt, mit verkrüppelten Blättern und mickerigen Blüten. Ursache ist das Fehlen eines Wurzelpilzes, mit dem die Pflanze eine Lebensgemeinschaft bildet. Der Pilz führt Pflanzennährstoffe in eine Form über, in der sie von der Pflanze aufgenommen werden können. Die Lebensgemeinschaft (Symbiose) stellt sich aber nur unter bestimmten Voraussetzungen ein:
– Es muß eine Mindestanzahl Pflanzen vorhanden sein.
– Die Wurzeln dürfen niemals durch Graben oder Hacken gestört werden und nicht austrocknen.

– Der Boden muß immer mit organischem Material, darunter Laub und Holzteile, bedeckt sein, damit sich eine Pilzflora entwickeln kann. Auch Kiefernnadeln sind sehr gut geeignet.

– Wegen der Salzempfindlichkeit scheiden Mineraldünger aus. Ständiger Nachschub organischen Materials unter Beimischung von (zerkleinerten) Holzteilen sind als Düngergabe ausreichend. Allenfalls gibt man im Frühjahr verotteten Kuhmist oder aufgeweichten Trockenrinderdung hinzu.

– Zum Gießen wird nur kalkfreies, abgestandenes Wasser verwendet.

Werden diese Anregungen beachtet, so kann – außer bei den Pflanzvorbereitungen – ganz auf Torfgaben verzichtet werden. Leichter Schutz mit Fichtenreisern gegen die Wintersonne ist anzuraten.

Keinesfalls vergessen: Blütenstände ausbrechen, bevor sie Samen ansetzen können, da sonst die Pflanzen zu sehr geschwächt werden.

Die meisten guten Baumschulen führen ein Standardsortiment, woraus nachstehend einige bewährte Sorten beschrieben werden.

Großblumige Rhododendron-Hybriden (Catawbiense-Hybriden)

Diese Sorten sind immergrün und in Mitteleuropa winterhart. Sie erreichen bei ihnen zusagenden Standorten Höhen über 300 cm. Die Blühtermine sind vom Kleinklima, der Höhenlage sowie den weiteren Wachstumsfaktoren abhängig.

Rhododendron-Catawbiense-Hybriden

Sorte	Blühtermin Blütenfarbe Wuchshöhe in cm	besondere Hinweise
'Caractacus'	letzte Maiwoche purpurrot bis 250	breit aufrecht wachsend; mittelgroße Blüten mit heller Mitte; Saum stark gekräuselt
'Boursault'	letztes Maidrittel kräftig lila über 300	breiter, geschlossener Wuchs; großer Blütenstand
'Catharine van Tol'	letztes Maidrittel reinrosa bis 300	breit und gedrungen; großer, kompakter Blütenstand

Rhododendron-Catawbiense-Hybriden (Fortsetzung)

Sorte	Blühtermin Blütenfarbe Wuchshöhe in cm	besondere Hinweise
'Cunninghams White'	ab 1. Maiwoche weiß bis 400	breit aufrecht; mittelgroßer Blütenstand; Blüten im Aufblühen rosa mit zartgelber Zeichnung
'Dr. H. C. Dresselhuys'	Ende Mai purpurrot bis 250	aufrechter Wuchs; kompakter, großer Blütenstand; Blüten mit brauner Zeichnung
'Lees Dark Purple'	Ende Mai dunkelviolett bis 250	breiter Wuchs; mittelgroßer Blütenstand; Einzelblüte mit gelbbrauner Zeichnung
'Nova Zembla'	letztes Maidrittel leuchtend rot bis 250	aufrechter Wuchs; großer Blütenstand; Einzelblüte mit schwarzer Zeichnung

Williamsianum-Hybriden (Glockenrhododendron)

Sie sind ebenfalls immergrün und vollkommen winterhart, jedoch mit deutlich schwächerem Wuchs und früherer Blüte als die großblumigen Hybriden. Williamsianum-Hybriden haben sehr viele Liebhaber.

Williamsianum-Hybriden

Sorte	Blühtermin Blütenfarbe Wuchshöhe in cm	besondere Hinweise
'August Lamken'	ab Mitte Mai purpurrosa bis 200	breit aufrecht; lockerer Blütenstand; Einzelblüte mit dunkelroter Zeichnung

Williamsianum-Hybriden (Fortsetzung)

Sorte	Blühtermin Blütenfarbe Wuchshöhe in cm	besondere Hinweise
'Gartendirektor Glocker'	ab 1. Maiwoche rosarot bis 200	breitrunder, kompakter Wuchs; junger Austrieb dekorativ bronzefarben; Einzelblüte mit dunkelroter Zeichnung; gewellt
'Jackwill'	ab Ende April rosaweiß bis 100	breit und kompakt; Einzelblüte außen zartrosa, innen mit schwachroter Zeichnung
'Vater Böhlje'	ab 1. Maiwoche zart lilarosa bis 100	kugelig kompakt; Einzelblüte ohne jede Zeichnung; Saum leicht gewellt

Repens-Hybriden (immergrüne Zwergrhododendren)

Sie wachsen flach und erreichen je nach Sorte 40 bis 100 cm Höhe. Deshalb eignen sie sich für kleinste Gärten und sogar für Pflanzschalen.

Repens-Hybriden

Sorte	Blühtermin Blütenfarbe Wuchshöhe in cm	besondere Hinweise
'Mannheim'	ab Mitte Mai dunkelrot 80	breiter, aufrecht geschlossener Wuchs; großer Blütenstand
'Scarlet Wonder'	ab Anfang Mai scharlachrot bis 80	breiter, nicht ganz regelmäßiger Wuchs; dekorative, braunrote Blütenknospen

Laubabwerfende (sommergrüne) Azaleen-Hybriden

Sie sind wegen der Leuchtkraft der Blüten und ihres Duftes sehr beliebt. Nach ihrer Herkunft unterscheidet man:
- Knaphill-Hybriden
- Ponticum-Hybriden (Rhododendron luteum)
- Mollis-Sämlinge als Auslesen.

Nachstehend sind nur Knaphill-Hybriden aufgeführt.

Knaphill-Hybriden

Sorte	Blühtermin Blütenfarbe Wuchshöhe in cm	besondere Hinweise
'Berryrose'	ab Mitte Mai rosa bis 120	breitrunder, kompakter Wuchs; großer Blütenstand; Einzelblüte mit gelbem Fleck
'Cecile'	letzte Maiwoche lachsrosa bis 200	breiter, aufrechter Wuchs; Einzelblüte mit gelbem Fleck
'Fireball'	letzte Maiwoche tiefrot bis 200	aufrechter, starker Wuchs; großer Blütenstand; Einzelblüte mit oranger Tönung
'Golden Sunset'	letztes Maidrittel hellgelb bis 180	breit aufrechter Wuchs; große Einzelblüten
'Homebush'	letzte Maiwoche leuchtendrosa bis 200	aufrechter Wuchs; kompakter Blütenstand mit kleineren, halbgefüllten Blüten
'Klondyke'	letztes Maidrittel orangegelb bis 150	breit aufrechter Wuchs; Austrieb tief braunrot; große Blüten
'Persil'	letztes Maidrittel reinweiß bis 150	breit aufrecht; schöne Herbstfärbung; sehr schöne Einzelblüten mit gelbem Fleck

Japanische Azaleen (Kurume- und Vuykianum-Hybriden)

Diese Gruppe erinnert an die bekannten Topfazaleen, ist aber im Freiland winterhart, sofern ein Schutz gegen die Wintersonne, zum Beispiel mit Fichtenreisern,
gegeben wird.
Die meisten Japanischen Azaleen sind entweder immergrün oder wintergrün und eignen sich mit flachen Bodendeckern gut für kleine Gartenflächen, Pflanzschalen und
als Grabbepflanzung. Sie blühen außerordentlich reich.

Japanische Azaleen

Sorte	Blühtermin Blütenfarbe Wuchshöhe in cm	besondere Hinweise
'Diamant Rot'	letztes Maidrittel rot bis 50	ausgesprochen schwach- und flach-wüchsig; bis 100 cm breit
'Favorite'	ab 1. Maiwoche intensiv rosa bis 150	dichter, aufrechter Wuchs; Einzelblüte mit schwacher Zeichnung
'John Cairns'	ab 3. Maiwoche dunkelrot bis 100	breit aufrecht und kompakt; sehr schöne Sorte
'Muttertag'	letztes Maidrittel leuchtend karmin bis 100	breit und kompakt; Laub im Winter bronzefarben
'Orange Beauty'	ab Mitte Mai hellrot bis 120	breit aufrecht; Einzelblüte mit schwa-cher Zeichnung
'Palestrina'	letztes Maidrittel weiß bis 150	breit aufrecht; Einzelblüte mit grüner Zeichnung
'Rubinetta'	letzte Maiwoche dunkelrosa bis 50	bis zu 150 cm breit; glänzend dunkel-grünes Laub; winters bronzefarben; leuchtende Blütenfarbe

Bodenbedeckende Laubgehölze

Hierzu zählen kleinwüchsige oder kriechende Gehölzarten. Sie sind durch ihren dichten Wuchs geeignet, besonders an Hanglagen ein Auswaschen des Bodens zu verhindern. Gleichzeitig schützen sie an sonnigen Standorten die Bodenoberfläche vor zu starker Austrocknung. Die in der nachfolgenden Tabelle beschriebenen Arten sind für die verschiedensten Standorte geeignet.

Bodenbedeckende Laubgehölze für den Freizeitgarten

Deutscher Name *Botanischer Name*	Blütezeit Blütenfarbe Wuchshöhe in cm	besondere Hinweise
Sommerheide *Calluna vulgaris* *'Mullion'*	Aug. – Sept. rein rosa bis 20	für magere, kalkfreie Böden in voller Sonne; nur in Gruppen pflanzen; nach der Blüte zurückschneiden
Teppichmispel *Cotoneaster* *dammeri* *var. radicans*	Juni weiß kriechend	immergrün; wichtiger, trittfester Bodendecker, der auch für Böschungen und Gräber geeignet ist; für sonnigen bis halbschattigen Standort
Schneeheide *Erica carnea* *(Erica herbacea)* *'Vivellii'*	Febr. – März karminrot 20	anspruchslos an den Boden; vollsonniger Stand; immergrün; Rückschnitt nach der Blüte
Erica carnea *(Erica herbacea)* *'Winter Beauty'*	Dez. – April rosarot 20	sehr reich blühend; sonst wie oben
Grüne Kriech- spindel *Euonymus fortunei* *var. radicans*	Blüte unbedeutend kriechend	immergrün und trittfest; sonnig bis schattig; auch an Mauern und Bäumen kletternd, dann bis 300 cm hoch
Gelbbunte Kriech- spindel *Euonymus fortunei* *'Emerald Gold'*	wie oben	etwas langsamer wachsend; Blätter 5 cm lang, im Herbst rötlich gefärbt

Bodenbedeckende Laubgehölze (Fortsetzung)

Deutscher Name *Botanischer Name*	Blütezeit Blütenfarbe Wuchshöhe in cm	besondere Hinweise
Efeu *Hedera helix* *viele Formen*	Blüte unbedeutend kriechend	anspruchslos, bevorzugt aber feuchtere Humusböden in halbschattiger bis schattiger Lage; immergrün und trittfest; weiß und gelbbunte Sorten, auch an Mauern und Bäumen kletternd
Johanniskraut *Hypericum* *calycinum*	Juli – Aug. gelb 15–20	wintergrüner, Ausläufer treibender Halbstrauch für Sonne bis Schatten; als Bodendecker und für Böschungen geeignet; friert in harten, schneelosen Wintern zurück; im Frühjahr dicht über dem Boden schneiden

Schmuckgehölze, die meist krankheits- und schädlingsfrei sind

Felsenbirne *(Amelanchier)*, Kissenberberitze *(Berberis candidula)*, Sommerflieder *(Buddleia)*, Schönfrucht *(Callicarpa)*, Bartblume *(Caryopteris)*, Japanische Scheinquitte *(Chaenomeles)*, Hartriegel *(Cornus)*, Maiblumenstrauch *(Deutzia)*, Schneeheide *(Erica)*, Forsythie *(Forsythia)*, Zaubernuß *(Hamamelis)*, Eibisch *(Hibiscus)*, Johanniskraut *(Hypericum)*, Winterjasmin *(Jasminum)*, Lorbeerrose *(Kalmia)*, Ranunkelstrauch *(Kerria)*, Kolkwitzie *(Kolkwitzia)*, Liguster *(Ligustrum)*, Schattenglöckchen *(Pieris)*, Fingerstrauch *(Potentilla)*, Rhododendron *(Rhododendron)*, Spiere *(Spiraea)*, Weigelie *(Weigela)*, Efeu *(Hedera)*, Geißschlinge *(Lonicera)*, Wilder Wein *(Parthenocissus)*, Glyzinie *(Wisteria)*.

Pflegeschnitt der Schmuckgehölze

Ein Schnitt ist nur sinnvoll, wenn damit ein bestimmtes Ziel verfolgt wird:
- Förderung der Blüten- und damit der Fruchtbildung
- Erzielen bestimmter Wuchsformen
- Wachstumsanpassung an die örtlichen Gegebenheiten
- Verjüngung.

Grundsätzlich ist für ein natürliches und artentypisches Wachstum *kein* Schnitt erforderlich. Einige Laubgehölze wie Felsenbirne, Goldregen, Magnolie und Zaubernuß nehmen jede Art von Schnitt übel. Bisweilen ist es für eine bessere Blühwilligkeit notwendig, die Blütensträucher auszulichten und zu verjüngen. Hierzu schneidet man die ältesten Triebe dicht über dem Erdboden ab, damit sich der Busch von unten verjüngen kann. Niemals die Langtriebe nur einkürzen, da sonst ein häßlicher Besenwuchs entsteht.

Zum Schneiden der schwächeren Triebe verwendet man eine Baumschere, für die stärkeren eine Klappsäge.

Der günstigste Zeitpunkt für den Schnitt ist im allgemeinen sofort nach der Blüte.

Das Umpflanzen von größeren Bäumen

Trotz sorgfältiger Planung kommt es vor, daß Gehölze zu groß werden. Eine Zeitlang läßt sich das Wachstum durch Abstechen der höherliegenden Wurzeln bremsen. Doch dies ist keine dauerhafte Lösung.

Soll der Baum an einem anderen Standort weiterwachsen, muß vorher für die Bildung vieler feiner Saugwurzeln gesorgt werden. Diese halten die Erde beim Transport fest und sichern am neuen Standort das weitere Wachstum.

Arbeitsablauf
- Im Herbst wird die Krone (nur bei Laubgehölzen) ausgelichtet, alle Äste können von den verbleibenden Wurzeln später nicht mehr ernährt werden.
- Pflanzgrube am neuen Standort ausheben, damit die Erde während des Winters durch die Tätigkeit der Kleinlebewesen aufgelockert wird.
- Kurz vor dem Laubfall rund um den Baum mit mindestens 30 cm Abstand einen schmalen Graben ausheben, wobei alle nach außen wachsenden Wurzeln abgestochen werden.
- Den Baum nach drei Seiten gut abstützen.
- Jetzt auch die unteren Wurzeln abstechen. Den Graben wieder füllen – am besten mit sandhaltiger Erde – und laufend wässern.
- Noch im Herbst und im zeitigen Frühjahr bilden sich neue Wurzeln, so daß man im Frühjahr verpflanzen kann.

Bei Nadelgehölzen ist es besser, das Gehölz im Frühjahr zu umstechen und im August umzupflanzen.
Ist ausreichend Zeit, so wird man im Herbst nochmals umstechen und die Verpflanzung um ein Jahr verschieben. So wächst der Baum sicher weiter.

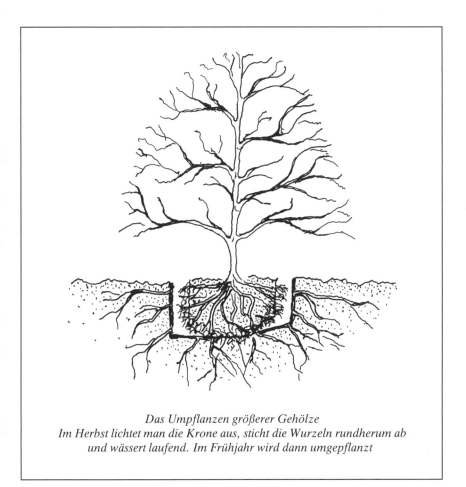

Das Umpflanzen größerer Gehölze
Im Herbst lichtet man die Krone aus, sticht die Wurzeln rundherum ab
und wässert laufend. Im Frühjahr wird dann umgepflanzt

Nadelgehölze im kleinen Garten

Nadelgehölze setzen durch ihre strenge Erscheinung, mitunter auch durch auffallende Nadelfärbung, besondere Akzente im Garten. Sie sollten deshalb so sparsam wie möglich verwendet werden. Die Gartenordnungen der meisten Kleingartenvereine verbieten Nadelgehölze mit Wuchshöhen über 2 Meter.

Kleinbleibende Nadelgehölze

Deutscher Name *Botanischer Name*	Höhe/Breite nach 10 Jahren in cm	besondere Hinweise
Blaue Zwerg- zypresse *Chamaecyparis lawsoniana 'Minima Glauca'*	50/50	verträgt Kalk; bleibt ungeschnitten ganz dicht; liebt feuchten Boden sowie Luftfeuchte; auch für Trog- und Grabbepflanzung
Muschelzypresse *Chamaecyparis obtusa 'Nana Gracilis'*	150/100	verträgt Kalk; sehr schön für Einzelstand, Grabbepflanzung und in Troggärten; Triebe auch für Gestecke geeignet
Chinawacholder *Juniperus chinensis 'Blaauw'*	150/150	anspruchslos an den Boden; für Einzelstand; auch mit Rasen und Gräsern; verträgt Kalk; schmaler Trichterwuchs; blaugrau
Säulenwacholder *Juniperus communis 'Suecica'*	250/80	bei Schneefall abklopfen; nicht in der Nähe von Birnbäumen pflanzen, weil Zwischenwirt des Birnengitterrostes
Tamarisken- wacholder *Juniperus sabina 'Tamariscifolia'*	40/150	verträgt Hitze und Trockenheit; wertvoller graugrüner Bodendecker für Grabbepflanzung, Stein- und auch Troggärten
Raketenwacholder *Juniperus virginiana 'Skyrocket'*	300–400/60	blaugrüner, extrem schmaler Säulenwacholder für trockene Böden in sonniger Lage; kalkliebend; paßt gut zu Gräsern und Rosen

Kleinbleibende Nadelgehölze (Fortsetzung)

Deutscher Name *Botanischer Name*	Höhe/Breite nach 10 Jahren in cm	besondere Hinweise
Zuckerhutfichte *Picea glauca* 'Conica'	150/100	feuchte, humose Böden werden bevorzugt; auf Kahlstellen, besonders im Schattenbereich, achten (Sitkafichtenlaus)
Zwergform der serbischen Fichte *Picea omorica* 'Nana'	80/80	nach 10 Jahren schneller Wuchs, dann bis 400 cm; nicht für sehr schwere Böden geeignet; vollsonniger Stand
Zwergkiefer *Pinus mugo* 'Gnom'	60–80/80–100	sehr dichte, vieltriebig verzweigte Kiefer mit kegeligem Wuchs für alle Gartenböden; für Stein- und Troggärten sowie Grabbepflanzung verwendbar; zu Zwergrosen und Gräsern
Mädchenkiefer *Pinus parviflora*	150/150	langsam wachsend, auch im Alter nicht über 300 cm hoch; nicht für schwere, trockene Böden; unregelmäßiger, lockerer Wuchs; in Süddeutschland allgemein weniger schön
Säulenkiefer *Pinus sylvestris* 'Fastigiata'	bis 400/60–80	Boden sauer und leicht; Säulenform mit senkrechten, dicken Ästen; blaugrün; für Einzelstand mit Gräsern und Schmuckstauden
Japanische Schirmtanne *Sciadopitys verticillata*	150/150	sehr anspruchsvoll an Boden und Klima; nur saure Böden und Luftfeuchtigkeit im Halbschatten, dann aber sehr schön; extrem langsam wachsend, im Alter etwa 400 cm hoch
Säuleneibe *Taxus baccata* 'Fastigiata'	120/60	für feuchtere, auch kalkhaltige Böden; breitere Säulenform mit langsamem Wuchs; *Taxus baccata* 'Fastigiata Robusta' hat eine schmale Säulenform

Kleinbleibende Nadelgehölze (Fortsetzung)

Deutscher Name *Botanischer Name*	Höhe/Breite nach 10 Jahren in cm	besondere Hinweise
Bechereibe *Taxus media* *'Hicksii'*	150/100	sonniger bis halbschattiger Standort; kalkliebend; im Alter bis 400 cm hoch; aufrechte, breite Säulenform ohne Mitteltrieb
Zwerglebensbaum *Thuja occidentalis* *'Danica'*	50/50	nicht für trockene Böden; sonnig; für Stein- und Troggärten sowie Grabbepflanzung; geschlossene, dichtbuschige, frischgrüne Form
Zwerghemlock- tanne *Tsuga canadensis* *'Jeddeloh'*	40/80	Humusböden in halbschattiger Lage; für Stein- und Troggärten sowie Grabbepflanzung; ausgebreitete Äste mit nestförmiger Mitte; weit ausladender Wuchs (bis 200 cm)

Warum werden Nadeln braun?

Das Absterben älterer Nadeln im inneren Kronenbereich ist ein im Sommer und Herbst zu beobachtender, natürlicher Vorgang. Die Lebensdauer der Nadeln bei Kiefern, Zedern und Eiben beträgt 2 bis 6 Jahre, bei Fichten und Tannen bis zu 12 Jahre. Bei größeren Wacholdern, Lebensbäumen und Scheinzypressen sterben die inneren Nadeln und Blattschuppen infolge Lichtmangels ab, weil diese Pflanzen in der Regel sehr kompakt wachsen.

Weitere nichtparasitäre Ursachen für das Braunwerden und Abfallen der Nadeln sind:
- Fehlernährung durch Trockenheit
  Weil Nährstoffe nur in Wasser gelöst von der Pflanze aufgenommen werden können, zeigen sich nach längerer Trockenheit meist Mangelerscheinungen.
- Fehlernährung durch Nässe
  Bei einem Boden mit geringem Wasserhaltevermögen und gleichzeitig hohen Niederschlägen werden wichtige Nährstoffe aus dem Boden gewaschen.
  Ist der Boden verdichtet oder befinden sich undurchlässige Schichten in ihm, so mindert zu große Nässe den Luftaustausch, so daß die Wurzeln unter Sauerstoffmangel leiden und absterben.

links oben: Flachwachsender Wacholder, Juniperus (siehe S. 32)
rechts oben: Chinawacholder, Juniperus chinensis (siehe S. 32)
links unten: Kiefer, Pinus (siehe S. 33)
rechts unten: Hemlocktanne, Tsuga canadiensis (siehe S. 34)

links oben: Wollausbefall an Lärche (siehe S. 37)
rechts oben: Schaden durch Sitkafichtenlaus (hellgrün) (siehe S. 37)
links unten: Chlorose an Wacholder (siehe S. 12)
rechts unten: Winterschaden an Lorbeerkirsche (siehe S. 37)

– Schädigung durch Frost
  Diese Art Schädigung tritt bei gefrorenem Boden und gleichzeitigem Sonnen-
  schein, vor allem im Spätwinter, auf, weil alle Immergrünen auch im Winter Was-
  ser verdunsten müssen. Deshalb wird immer wieder empfohlen, die Immergrünen,
  darunter auch Rhododendren, vor Frostbeginn gründlich zu wässern.
– Anwendung von Unkrautbekämpfungsmitteln
  Fast alle Nadelgehölze wurzeln sehr flach und reagieren sehr empfindlich, wenn
  auf Wegen oder im Rasen Unkrautbekämpfungsmittel gestreut werden. Vor dem
  Umgang mit Bittersalz ist zu warnen.
– Zu hoher Kalkgehalt im Boden
  Messungen sind mit einfachen Geräten möglich; nie auf Verdacht Kalk streuen.

Die wichtigsten Nadelholzschädlinge

Sitkafichtenlaus

Sie befällt verschiedene Fichtenarten, besonders Blaufichten und Serbische Fichten.
Den Befall erkennt man an gelblichen Flecken, zuerst an den älteren Nadeln. Später
werden diese braun und fallen ab. Die Verursacher sind grüne, ungefähr 2 mm große
Blattläuse mit roten Augen.
Zum Erkennen des Schädlings und des Bekämpfungszeitpunktes ist die Klopfprobe
das geeignete Verfahren. Man klopft kräftig an einen Ast und hält gleichzeitig ein
DIN-A4-Blatt darunter. So kann man zum einen die Laus erkennen und zum anderen, wenn mehr als 6 Tiere auf das Blatt fallen, eine Pflanzenschutzmaßnahme durchführen.
Ein nützlingsschonendes Spezialmittel ist Pirimor-Granulat. Bei Temperaturen über
10°C helfen auch Attraco oder Folidolöl, die ebenfalls nützlingsschonende Eigen-
schaften haben.

Wollaus

Die Laus, die von einem weißen Wachspelz umgeben ist, befällt sowohl Stamm,
Zweige und Nadeln, an denen weiße Flocken sichtbar sind. Befallen werden Kiefer,
Lärche und Douglasie.
Gründliche Spritzungen im März/April sind mit Attraco oder Folidolöl, während der
Wachstumszeit mit Ekamet oder Unden durchzuführen.

Schildlaus

In den letzten Jahren hat der Befall mit Woll- und Schildläusen stark zugenommen. Er äußert sich durch weiße „Pusteln" an Nadeln, Trieben und Zweigen. Besonders betroffen sind Zwergkiefern, Wacholder und Thuja. Die Bekämpfung wird wie bei Wollausbefall durchgeführt. Nach dem Austrieb kann auch Elefant-Sommeröl verwendet werden.

Nadelholzspinnmilbe

Der Befall äußert sich durch graubraune Nadeln, die später vertrocknen und abfallen. Die Spinnmilbe ist ein häufig auftretender Schädling, dessen Bekämpfung recht schwierig ist. Ein möglicher Frühbefall läßt sich durch Kontrolle der Triebenden auf Wintereier (rot) abschätzen. Naturgemäße Mittel versagen meist, jedoch können wiederholte Knoblauchspritzungen versucht werden. Neuerdings wird Apollo gegen Wintereier und Cropotex gegen fortgeschrittene Entwicklungsstadien angeboten.

Thujaminiermotte

An der Stelle, an der die Larve in den Zweig eingedrungen ist, ist ein Loch erkennbar. Sie frißt sich einen Gang bis zum Blatt; dort sind dann die Fraßgänge sichtbar (Minierfraß). Ende Juni verpuppen sich die Raupen – dies ist der geeignete Bekämpfungszeitpunkt (Triebe schütteln). Wiederholte Spritzungen mit Spruzit oder Parexan können durchgeführt werden.

Hecken im Freizeitgarten

Heckenpflanzungen können mehrere Aufgaben haben:
– Windschutz
– Sichtschutz in jeder gewünschten Höhe
– Filtern von Straßenstaub und Lärm
– Verdecken unschöner Stellen im Garten
– Unterschlupf für Vögel und nützliche Gartentiere
– Grenzfestlegung.
Sowohl Laub- als auch Nadelgehölze lassen sich zu Hecken ziehen. Mitunter aber wirken streng geschnittene Nadelgehölze, besonders Lebensbaum und Scheinzypresse,

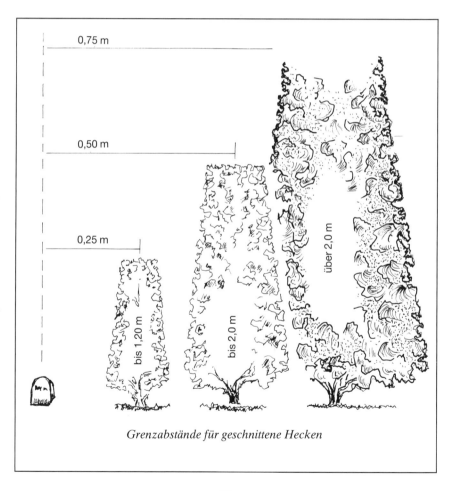

Grenzabstände für geschnittene Hecken

landschaftsfremd. Außerdem leiden sie in den letzten Jahren zunehmend unter Schädlingen und Pilzkrankheiten.

Nadelgehölze stellen vergleichsweise hohe Anforderungen an Klima und Boden. Vor Winterbeginn brauchen sie besonders viel Feuchtigkeit, damit in Frostperioden keine Trockenschäden auftreten.

Bevor man sich für eine bestimmte Art von Hecken entscheidet, sollte man die Vor- und Nachteile verschiedener Gehölze kennen.

Laubabwerfende Gehölze
– kein Sichtschutz im Winter – Ausnahme Flechthecken –, aber mitunter hübsche Blüten und schönes Laubwerk
– meist geringe Ansprüche an Boden und Klima
– Pflanzenmaterial ist relativ billig
– zwei Schnitte pro Jahr sind notwendig, dadurch mehr Arbeit

Immergrüne Laubgehölze
– werden mit Wurzelballen verkauft und sind dadurch teurer; schwieriger zu transportieren
– benötigen einen größeren Pflegeaufwand hinsichtlich der Bewässerung
– bieten einen guten Sichtschutz, fachgerechte Pflanzung und Pflege vorausgesetzt
– haben auch im Winter eine gute Filterwirkung gegen Staub und Lärm
– sind im Wuchs langsamer, benötigen dadurch aber auch einen geringeren Schnittaufwand.

Nadelgehölze
Die Vor- und Nachteile von Nadelgehölzen sind mit denen der Immergrünen etwa gleichzusetzen.

Kosten für Heckenpflanzen

Grundlage der Kostenberechnung für Heckenpflanzungen ist der Preis für handelsübliche Baumschulware.
Beispiel:
Liguster *(Ligustrum vulgare 'Atrovirens')* mit 5 bis 7 Trieben, 60 bis 100 cm hoch, kostet DM 4,20 pro Stück. Für 5 benötigte Pflanzen pro laufendem Meter sind DM 21 (entspricht 100%) zu bezahlen.
Der Lebensbaum *(Thuja occidentalis),* 80 bis 100 cm hoch, kostet beispielsweise mit Ballen DM 18 pro Stück. 3 Pflanzen pro laufendem Meter kosten DM 54, was 257% der Ausgaben für eine Ligusterhecke entspricht. Das heißt, für eine Hecke aus Lebensbaum sind die Kosten gegenüber Liguster um 157% höher.
Anders ausgedrückt: anstelle eines Meters Lebensbaum könnte man 2,57 m Liguster pflanzen.

Empfehlenswerte Gehölze für den strengen Heckenschnitt

In der Baumschule werden diese Pflanzen ohne Ballen angeboten. Die Pflanzung erfolgt im Herbst nach dem Laubfall. Weißdorn, eigentlich eine sehr gute Heckenpflanze, sollte wegen der Verbreitungsgefahr des Feuerbrandes (Bakterienkrankheit) nicht mehr angepflanzt werden.
Laubabwerfende Hecken werden durch zweimaligen Schnitt pro Jahr sehr dicht: Der 1. Schnitt erfolgt um Johanni (Sommerbeginn), nach der 1. Vogelbrut. Der 2. Schnitt ist im Herbst, nach dem Triebabschluß, durchzuführen.

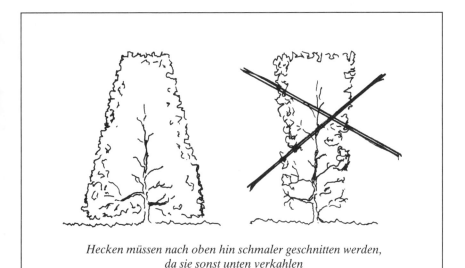

Hecken müssen nach oben hin schmaler geschnitten werden,
da sie sonst unten verkahlen

Laubabwerfende Gehölze

Deutscher Name Botanischer Name	Blütezeit Blütenfarbe Endhöhe in cm	besondere Hinweise benötigte Pflanzen und Kosten (in % gegenüber Liguster) pro laufendem Meter
Feldahorn Acer campestre	Blüte unbedeutend 125–400	verträgt kalkhaltige Böden und große Trockenheit; buschiger Austrieb und schöne Herbstfärbung; Flechthecke möglich; 3 Pflanzen 100–125 cm hoch; Mehrkosten zirka 18%
Blutberberitze Berberis thunbergii 'Atropurpurea'	Mai gelb ab 50–150	sonnige Lage ohne Bodenansprüche; stachelig; dunkelrotes Laub 4 Pflanzen, 40–60 cm hoch; Minderkosten zirka 20%
Kleine Blutberberitze Berberis thunbergii 'Atropurpurea Nana'	Mai gelb ab 30–50	für kleine, dunkelrote Einfassungen; bleibt auch ungeschnitten kompakt; 5 Pflanzen, 15–20 cm hoch; Mehrkosten zirka 119%
Hainbuche Carpinus betulus	Blüte unbedeutend ab 150–800	ideale Laubholzhecke für alle Böden und Lichtverhältnisse; erträgt jede noch so scharfe Schnittart; als Flechthecke hervorragend geeignet; 3 Pflanzen, 100–125 cm hoch; Mehrkosten zirka 65%
Kornelkirsche Cornus mas	ab März gelb ab 150–300	hervorragende Heckenpflanze für alle Böden und Lichtverhältnisse; frühe Blüte sehr zierend, Früchte eßbar; sehr gut als Flechthecke zu erziehen; 3 Pflanzen, 80–100 cm hoch; Mehrkosten zirka 29%
Strauchmispel Cotoneaster acutifolius	Juni weißrosa ab 120–200	schattenverträgliche Hecke; Bienenweide; schwarze Früchte (Sept.); 4 Pflanzen, 60–100 cm hoch; Minderkosten zirka 6%

Laubabwerfende Gehölze (Fortsetzung)

Deutscher Name Botanischer Name	Blütezeit Blütenfarbe Endhöhe in cm	besondere Hinweise benötigte Pflanzen und Kosten (in % gegenüber Liguster) pro laufendem Meter
Maiblumenstrauch *Deutzia gracilis*	Mai – Juni weiße Rispen ab 60–100	für sonnige Lage in jedem Gartenboden; auch für lockere, ungeschnittene Hecken mit anderen Sträuchern; 4 Pflanzen, 30–50 cm hoch; Mehrkosten zirka 71%
Fingerstrauch *Potentilla fruticosa* 'Klondike'	Mai – Aug. tiefgelb ab 60–100	sehr schöne Blütenhecke für Sonne; ohne Bodenansprüche; Blätter sind noch im November grün; Schnitt fördert Blütenbildung; 4 Pflanzen, 40–60 cm hoch; Mehrkosten zirka 9%
Brautspiere *Spiraea x arguta*	April – Mai weiße Dolden ab 80–120	für sonnigen Stand, ohne Bodenansprüche; reichblühend und wertvoll; lockerer Wuchs; 3 Pflanzen, 60–80 cm hoch; Mehrkosten zirka 1%
Rote Sommerspiere *Spiraea-Bumalda-Hybriden* 'Anthony Waterer'	Juli – Sept. karminrot ab 80–100	wie oben; 4 Pflanzen, 40–60 cm hoch; Mehrkosten zirka 9%
Prachtspiere *Spiraea vanhouttei*	Mai – Juni weiße Dolden ab 100–250	wie oben; 3 Pflanzen, 80–125 cm hoch; Minderkosten zirka 18%

Immergrüne Laubgehölze

Alle Pflanzen werden von den Baumschulen mit Ballen oder in Containern angeboten. Gepflanzt wird im September. Der Heckenschnitt erfolgt im August, nach Triebabschluß.

Immergrüne Laubgehölze

Deutscher Name *Botanischer Name*	Blütezeit Blütenfarbe Endhöhe in cm	besondere Hinweise benötigte Pflanzen und Kosten (in % gegenüber Liguster) pro laufendem Meter
Lanzenberberitze *Berberis gagnepainii* *var. lanceifolia*	Mai – Juni gelb ab 60–180	für sonnigen bis halbschattigen Standort; blaubereifter Beerenschmuck; bildet dichte Dornenhecke; 4 Pflanzen, 30–40 cm hoch; Mehrkosten zirka 208%
Buchsbaum *Buxus sempervirens* 'Handsworthiensis'	Blüte unbedeutend ab 60–200	für kalkhaltige, feuchtere Böden in Sonne bis Schatten; erst nach dem Frost schneiden; 4 Pflanzen, 30–40 cm hoch; Mehrkosten zirka 191%
Einfassungsbuchs *Buxus sempervirens* 'Suffruticosa'	Blüte unbedeutend ab 15–40	Ansprüche wie oben; Pflanzware wird ohne Ballen nach laufendem Meter angeboten; Minderkosten zirka 75%
Stechpalme *Ilex aquifolium* 'Alaska'	Blüte unbedeutend ab 100–400	für tiefgründigen, feuchten und kalkhaltigen Boden; sonnige bis schattige Lage; Beerenschmuck; dekorative Hecke; 3 Pflanzen, 60–80 cm hoch; Mehrkosten zirka 486%
Liguster *Ligustrum vulgare* 'Atrovirens'	Juni – Juli weiße Rispen ab 100–250	wintergrüne, klassische Hecke für Sonne bis Schatten; erträgt jeden noch so schmalen Schnitt; 5 Pflanzen, 5–7 Triebe, 60–100 cm hoch

Immergrüne Laubgehölze (Fortsetzung)

Deutscher Name *Botanischer Name*	Blütezeit Blütenfarbe Endhöhe in cm	besondere Hinweise benötigte Pflanzen und Kosten (in % gegenüber Liguster) pro laufendem Meter
Zwergliguster *Ligustrum vulgare* 'Lodense'	Juni – Juli weiße Rispen ab 40–100	für niedrige Einfassungen; auch ungeschnitten kompakt wachsend; 5 Pflanzen, 30–40 cm hoch; Mehrkosten zirka 36%
Mahonie *Mahonia aquifolium*	April – Mai gelbe Trauben ab 60–100	bevorzugt humose Böden ohne Kalk im Halbschatten; auch als ungeschnittene, lockere Hecke schön; 4 Pflanzen, 30–40 cm hoch; Mehrkosten zirka 9%
Lorbeerkirsche *Prunus laurocerasus* 'Herbergii'	Mai weiß ab 80–200	für sonnigen bis schattigen Standort, Früchte giftig; auch für Einzelstellung; bis 300 cm hoch; 4 Pflanzen, 40–60 cm hoch; Mehrkosten zirka 243%
Feuerdorn *Pyracatha coccinea* 'Red Column'	Juni weiß ab 80–200	undurchdringliche, stachelige, anspruchslose Hecke für alle Böden: Vorsicht in der Nähe von Kernobst, Krankheitsüberträger; 4 Pflanzen, 60–80 cm hoch; Mehrkosten zirka 40%

Nadelgehölze

Alle Pflanzen werden von den Baumschulen mit Ballen geliefert. Die Pflanzung wird im September oder April durchgeführt. Die Hecken werden vor Triebbeginn im März oder nach Triebabschluß im August geschnitten. Sie sollten im unteren Bereich breiter als Laubgehölze gehalten werden.

Nadelgehölze

Deutscher Name *Botanischer Name*	Wuchshöhe in cm	besondere Hinweise benötigte Pflanzen und Kosten (in % gegenüber Liguster) pro laufendem Meter
Blaue Säulen- zypresse *Chamaecyparis* *lawsoniana* *'Alumii'*	ab 100–500	für kultivierten, sauren Boden; säulenförmiger Wuchs; für hohe Hecken auch ungeschnitten; 3 Pflanzen, 60–80 cm hoch; Mehrkosten zirka 207%
Pfitzerwacholder *Juniperus chinensis* *'Pfitzeriana'*	ab 40–200	außerordentlich anspruchslos; auch im Halbschatten; für breite Hecken; 3 Pflanzen, 40–60 cm hoch; Mehrkosten zirka 172%
Omorikafichte *Picea omorika*	ab 100–1000 und höher	nur für ganz hohe, nicht zu schneidende Hecken; Wachstumsbremse durch Entfernen der Spitze nur vorübergehend; schmaler Wuchs; 2 Pflanzen, 80–100 cm hoch
Eibe *Taxus baccata*	ab 60–600 im Alter	hervorragende Hecke, auch für Figurenschnitt; sonniger bis schattiger Stand; giftig, ausgenommen rote Beeren; 3 Pflanzen, 40–50 cm hoch; Mehrkosten zirka 243%
Lebensbaum *Thuja occidentalis*	ab 80–600 und höher	klassische Heckenpflanze; nicht für trockene Böden; wirkt etwas fremd im Garten; 4 Pflanzen, 60–80 cm hoch; Mehrkosten zirka 106%

Nadelgehölze (Fortsetzung)

Deutscher Name *Botanischer Name*	Wuchshöhe in cm	besondere Hinweise benötigte Pflanzen und Kosten (in % gegenüber Liguster) pro laufendem Meter
Hemlockstanne *Tsuga canadensis*	ab 60–600	hervorragende Hecke mit hellgrünen, zierlichen Zweigen; 3 Pflanzen, 40–60 cm hoch; Mehrkosten zirka 229%

Die Heckenpflanzung

Die Methode einer Heckenpflanzung kann je nach Pflanzenart und Jahreszeit, aber auch nach Bodenart und Streckenlänge, unterschiedlich sein. Wichtig ist auf jeden Fall die Vorbereitung.
- Pflanzen ohne Ballen eine Nacht lang in Wasser stellen, damit sie sich vollsaugen können.
- Die Strecke wird mit einer Schnur genau festgelegt. Auf die Grenzabstände zum Nachbarn ist zu achten.
- Beide Seiten entlang der Schnur (40 bis 45 cm breit) werden mit dem Spaten angestochen, das heißt nur der obere Bodenbereich wird entfernt.
- Die Wurzeln werden nur geschnitten, wenn sie zu lang oder geknickt sind. Je mehr Wurzeln an der Pflanze verbleiben, umso sicherer wächst sie an.
- Nach dem Wurzelschnitt werden die Gehölze wieder in Wasser gestellt. Zum Pflanzen werden sie dann einzeln entnommen.

In schwerem Lehmboden hebt man einen Graben aus und mischt den Aushub mit Sand (nicht Torf). Sorgfältiges Arbeiten ist besonders bei der Frühjahrspflanzung wichtig, weil die Pflanzen ohne Ruhepause sofort austreiben müssen.

Am einfachsten geht es in leichteren Böden im Herbst:

Während einer die Pflanzen in einen kurzen, bereits fertigen Graben stellt, deckt der andere mit dem Aushub für die nächste Pflanze die Wurzeln zu. Auf diese arbeitssparende Weise wird die Erde nur einmal bewegt. Das macht sich besonders bei einer längeren Pflanzstrecke bemerkbar. Anschließend wird die Erde im Wurzelbereich gründlich gewässert.

Nach welcher Methode man immer arbeiten mag, nie darf Dünger, Torf oder gar Mist in die Wurzelnähe gelangen. Es ergeben sich sonst Probleme, die das Anwachsen der Hecke ernstlich gefährden.

Gedüngt wird, wenn überhaupt, erst im nächsten Jahr.

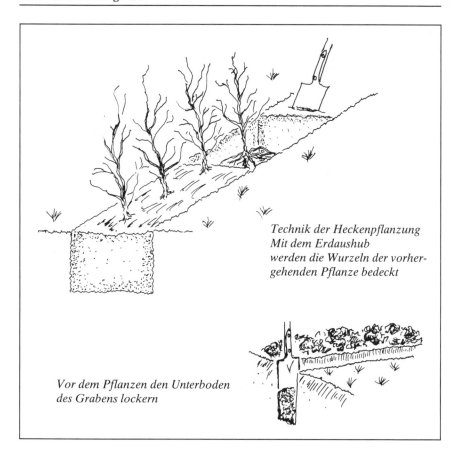

*Technik der Heckenpflanzung
Mit dem Erdaushub
werden die Wurzeln der vorher-
gehenden Pflanze bedeckt*

*Vor dem Pflanzen den Unterboden
des Grabens lockern*

Flechthecken

Besonders Flechthecken können schmal und dicht erzogen werden. Dafür eignen sich aber nur stärkerwachsende Laubgehölze. Früher waren derartige Hecken mit Baumhasel *(Corylus colurna)* weit verbreitet. Warum also nicht auch heute einen Versuch z. B. mit Johannisbeeren oder Weinreben wagen?

Es gibt zwei Methoden, Flechthecken zu gestalten:

1. Man pflanzt die Gehölze schräg ein, so daß es wie ein Jägerzaun aussieht. Dann werden alle sowohl parallel zueinander stehenden als auch sich kreuzende Haupttriebe miteinander verflochten. An den Berührungsstellen entstehen durch die Reibung Wunden, wodurch die Pflanzen recht bald miteinander verwachsen. Frü-

her nagelte man sie zusammen. Die Seitentriebe bleiben lang und werden später in kurzem Bogen nach innen eingeflochten.
Es eignen sich besonders Gehölze mit stärkerem Mitteltrieb wie Feldahorn, Hainbuche und Kornelkirsche.

2. Mit der zweiten Methode lassen sich auch aus bestehenden, streng geschnittenen Hecken Flechthecken machen. Dazu muß die Hecke zuerst ganz schmal zurückgeschnitten werden. Die meisten Gehölze vertragen das ganz gut. Dann werden die Triebe ineinander verflochten wie oben beschrieben.

Bei der Pflanzung unterbleibt der Pflanzschnitt. Alle Triebe bleiben ungeschnitten und werden, wenn sie lang genug sind, immer wieder in das Heckeninnere eingeflochten.
Es eignen sich alle laubabwerfenden Gehölze. Die Hecken werden durch wiederholte Einflechtungen so dicht, daß sie auch im Winter Sicht- und Windschutz bieten.
Wenn die Hecken dicht genug geworden sind, können sie in althergebrachter Weise geschnitten werden:
„Unten breiter, oben schmal, dann wird sie ganz bestimmt nicht kahl."

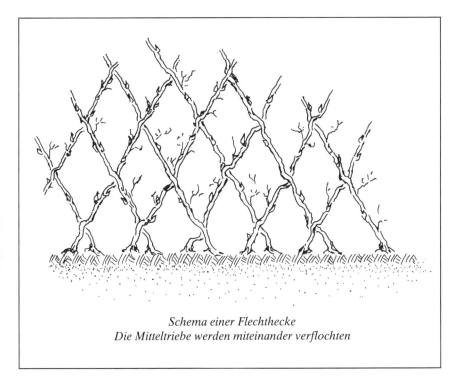

Schema einer Flechthecke
Die Mitteltriebe werden miteinander verflochten

Kletterpflanzen

Auch wenn die horizontalen Flächen unserer Gärten begrenzt sind, so ist doch nach oben hin noch Platz. Das umfangreiche Sortiment der Kletterpflanzen ermöglicht es uns, alle senkrechten Flächen im Gartenraum zu begrünen. Problemlos und ohne Hilfe erklimmen Efeu, Kletterhortensie und Wilder Wein mittels ihrer Haftscheiben Zäune, Bäume, Mauern und Fassaden. Mauerwerk und Putz bleiben durch ihre Haftscheiben unbeschädigt.

An Kletterhilfen wie Latten-, Schnur- oder Stangengerüsten, Traggeflechten oder Spanndrähten klettert der größte Teil des Sortiments in die Höhe.

Wir unterscheiden:
- Selbstklimmer mit Haftwurzeln, wie Efeu
- Schlinger (Lianen), wie Glyzine
- Ranker, wie Waldrebe
- Spreizklimmer, wie Kletterrose

Für Clematis und Lilien behalte im Kopf,
schattig der Fuß und sonnig der Schopf

Einjährige Kletterpflanzen

Sie müssen jedes Jahr neu aus Samen herangezogen werden und können so an immer anderen Standorten (auch auf dem Balkon) angepflanzt werden. Die Einjährigen haben keine Haftwurzeln. Alle hier beschriebenen Arten sind mittel- und schnellwachsend.

Einjährige Kletterpflanzen

Deutscher Name *Botanischer Name*	Blütezeit Blütenfarbe Wuchshöhe in cm	besondere Hinweise
Glockenrebe *Cobaea scandens*	Juli – Okt. violett bis 400	auch halbschattiger Standort; Aussaat unter Glas ab März; ab Mai ins Freie auspflanzen
Japanischer Hopfen *Humulus scandens*	Blüte als Zapfen bis 600	zierend durch farbige Blätter; Vorkultur unter Glas
Prunkwinde *Ipomoea purpurea*	Juli – Sept. blau bis 300	Vorkultur oder Direktsaat ab Mai
Trichterwinde *Ipomoea tricolor*	Juli – Sept. mehrfarbig bis 300	Direktsaat ab April möglich; Einzelblüte nach einem Tag verblüht
Schwarzäugige Susanne *Thunbergia alata*	Juni – Sept. gelb mit Auge bis 250	Vorkultur; sehr hübsch am Maschendrahtzaun
Wohlriechende Wicke *Lathyrus odoratus*	Juni – Sept. viele Farben bis 200	Direktsaat ab April; schöne Schnittblume mit zarten Pastellfarben
Kapuzinerkresse *Tropaeolum peregrinum*	Juli – Sept. viele Farben bis 300	Spreizklimmer; Direktsaat ab April; Blüten und zarte Blätter eßbar; Samen zu Einlegegurken

Einjährige Kletterpflanzen (Fortsetzung)

Deutscher Name *Botanischer Name*	Blütezeit Blütenfarbe Wuchshöhe in cm	besondere Hinweise
Feuerbohne *Phaseolus coccineus*	Juli–Sept. rot über 300	Direktsaat Anfang Mai; bei Trockenheit fallen (rieseln) die Blüten ab; sehr gute Speisebohne
Kalebassen Scheibenkürbisse Zierkürbisse		viele zierende, auch eßbare Kürbisarten mit Wuchshöhen bis 400 cm; Vorkultur ratsam

Ausdauernde Kletterpflanzen

a) **mit Haftorganen**
Alle sind auch für niedrigere Mauern und Gerüste geeignet.

Ausdauernde Kletterpflanzen mit Haftorganen

Deutscher Name *Botanischer Name*	Blütezeit Blütenfarbe Wuchshöhe in cm	besondere Hinweise
Immergrüne Kriechspindel *Euonymus fortunei* *var. radicans*	Blüte unbedeutend über 300	anspruchslos; jedoch keine trockenen Böden; sonniger bis schattiger Stand; blattzierend; auch weiß- und gelbbunte Form, aber nicht so hoch
Pfeilblättriger Efeu *Hedera helix* '*Sagittifolia*'	Blüte nur im Alter bis 500	anspruchslos; humose, feuchte Böden werden bevorzugt; Sonne bis Schatten; dekorative Blätter
Großblättriger Efeu *Hedera helix* '*Hibernica*'	Blüte nur im Alter bis 2000	besonders raschwachsend; alle Efeuarten sind immergrün und blühen erst ab dem 10. Jahr (Sept.); die Blüten locken viele Insekten an

links oben: Flechthecke aus Weiden, Salix daphnoides (siehe S. 49)
rechts oben: Hecke aus Hainbuchen, Carpinus betulus (siehe S. 42)
unten: Lockere Hecke aus Prachtspieren, Spiraea x vanhouttei (siehe S. 43)

links oben: Schwarzäugige Susanne, Thunbergia alata (siehe S. 51)
rechts oben: Glyzine, Wisteria sinensis (siehe S. 56)
unten: Fächermispel, Cotoneaster horizontalis (siehe S. 56)

Ausdauernde Kletterpflanzen mit Haftorganen (Fortsetzung)

Deutscher Name *Botanischer Name*	Blütezeit Blütenfarbe Wuchshöhe in cm	besondere Hinweise
Kletterhortensie *Hydrangea anomala* *ssp. petiolaris*	Juni – Juli weiß bis 700	für saure Böden in Sonne bis Schatten; sehr dekorativ an Mauern, Pergolen und alten Bäumen
Mauerwein *Parthenocissus* *quinquefolia* *'Engelmannii'*	Blüte unbedeutend über 1000	jeder nicht zu trockene Boden in Sonne; geht auch an glatten Wänden mühelos hoch
Wilder Wein *Parthenocissus* *tricuspidata* *'Veitchii'*	Blüte unbedeutend über 1000	bekannter und beliebter Selbstklimmer für alle Flächen; prachtvolle Herbstfärbung an sonnigem Standort

b) ohne Haftwurzeln
Ihnen müssen, wie bereits auf Seite 50 erläutert, Kletterhilfen gegeben werden.

Ausdauernde Kletterpflanzen ohne Haftwurzeln

Deutscher Name *Botanischer Name*	Blütezeit Blütenfarbe Wuchshöhe in cm	besondere Hinweise
Waldrebe *Clematis-Hybriden* *verschiedene Sorten*	ab Mai viele Farben bis 400	auch für kalkhaltige, aber humose, genügend feuchte Böden; für Drainage bei der Pflanzung sorgen
Bergrebe *Clematis montana* *'Rubens'*	Mai – Juni rosa bis 600	Ansprüche wie oben, aber robuster; läßt sich auch durch Einflechten in Zäune niedrig halten

Ausdauernde Kletterpflanzen ohne Haftwurzeln (Fortsetzung)

Deutscher Name *Botanischer Name*	Blütezeit Blütenfarbe Wuchshöhe in cm	besondere Hinweise
Fächermispel *Cotoneaster horizontalis*	Juni rosarot bis 200	Spreizklimmer, wenn hart an die Wand gepflanzt wird; dekorative Fächertriebe mit roten Beeren
Winterjasmin *Jasminum nudiflorum*	Dez. – März gelb bis 500	Spreizklimmer; kalkfreier Boden in Sonne bis Halbschatten; auch von Mauerkronen in Matten herabhängend
Rote Geißschlinge *Lonicera caprifolium 'Dropmore Scarlet'*	Mai – Aug. orangerot über 500,	ohne Bodenansprüche, aber ausreichend feucht; in Sonne bis Halbschatten; Früchte giftig
Duftende Geißschlinge *Lonicera heckrottii*	ab Juni rötlich bis 400	für guten Boden in sonniger bis halbschattiger Lage; Dauerblüher mit (giftigen) purpurroten Beeren; sehr wertvoll
Immergrüne Geißschlinge *Lonicera henryi*	Juni – Juli gelbrot bis 400	anspruchslos an Boden in Sonne bis Schatten; auch herabhängend oder als Bodendecker zu verwenden
Schlingknöterich *Fallopia aubertii*	Juli – Okt. weiß über 800	großer Platzanspruch; auch an Lärmschutzwänden; sehr reich blühend in großen Blütenrispen
Glyzine *Wisteria sinensis 'Macrobotrys'*	April – Mai blauviolett über 1000	sehr hoch windend, aber auch an kleineren Gerüsten gut zu leiten; verträgt sehr viel Sonne und Trockenheit; jährlicher Schnitt der Seitentriebe fördert die Blütenbildung

Rosen im Garten

Vor der Rosenpflanzung

Standort

Rosen lieben die Sonne. Sie sollten nicht direkt vor Mauern oder Hauswänden gepflanzt werden. Dort gibt es oft einen Luftstau, wodurch die Pflanzen anfälliger gegen Krankheiten und Schädlinge werden. Zudem verblühen sie rascher, und die Farben verblassen schneller. Platten-, Asphalt- und helle Kieswege erwärmen sich bei Sonnenschein erheblich. Dadurch vermehren sich die an Rosen so gefürchteten Spinnmilben sehr stark. Nicht zuletzt deshalb sind niedrige Nachbarpflanzen, Einfassungshecken und eine Rasenkante für gesundes Wachstum vorteilhaft.

Boden

Der ideale Kulturboden für die meisten Gartengewächse ist ein sandiger Lehm, Rosen machen da keine Ausnahme.
Reiner Sandboden ist ungeeignet und muß durch Komposterde (nicht Torf) verbessert werden. Vom häufig angebotenen Rindenkompost ist abzuraten.
Rosen sind kräftige Tiefwurzler, wodurch Trockenzeiten recht gut überstanden werden. Humus im Boden fördert die Bildung von unerwünschten Faserwurzeln.

Die Rosenpflanzung

Pflanzzeit

Für Buschrosen ist die Herbstpflanzung anzuraten, denn die Stöcke bilden bis zum Wintereintritt noch neue Wurzeln und treiben dann im kommenden Jahr williger aus.
Für die Frühjahrspflanzung kommen Hochstämme und solche Rosenbüsche in Frage, die in den Kühlräumen der Baumschulen überwintert wurden.
Einen Pflanzschnitt macht man auf jeden Fall erst im Frühjahr.

Pflanzabstände

In der Auflistung der Rosensorten sind Pflanzweiten angegeben, die man möglichst einhalten sollte. Obschon auch größere Abstände möglich sind, sollen die Büsche doch so eng stehen, daß der Boden bei großer Sommerhitze beschattet wird. Herrliche, völlig ungeschnittene Rosenbüsche findet man entlang der „Straße der Rosen" auf der Insel Mainau im Bodensee. Sie stehen dort als – mittlerweile ältere – Solitäre auf der Rasenfläche. Solche großen, geschlossenen Büsche entstehen, wenn man immer nur die Blüten und im Frühjahr das trockene Holz entfernt.

Das Einpflanzen

– Die Büsche über Nacht in Wasser stellen, damit sie sich vollsaugen können.
– Die Wurzeln nur schneiden, wenn sie zu lang sind oder Wundstellen aufweisen. Sonst verbleiben sie so lang wie möglich.
– Anschließend die Pflanze bis über die Veredelungsstelle in Lehmbrei tauchen.

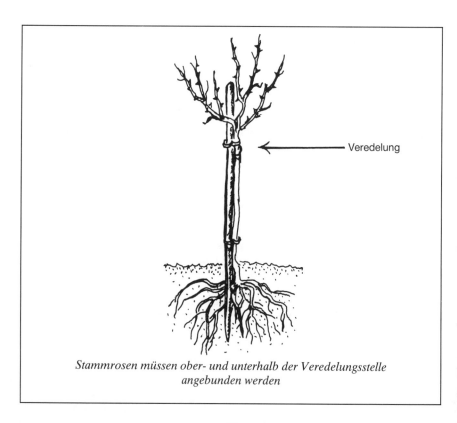

Veredelung

*Stammrosen müssen ober- und unterhalb der Veredelungsstelle
angebunden werden*

58

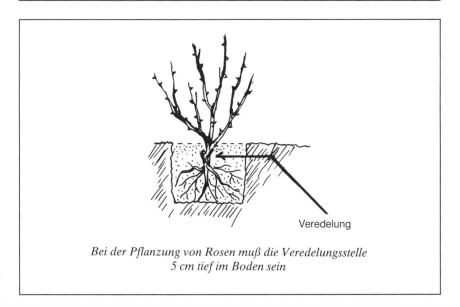

Veredelung

*Bei der Pflanzung von Rosen muß die Veredelungsstelle
5 cm tief im Boden sein*

– Das Pflanzloch wird nur so groß gemacht, daß die Wurzeln ausreichend Platz haben, ohne geknickt oder umgebogen zu werden. Keinen Torf, Dünger oder Kompost hinzufügen.
– Bei der Pflanzung von Hochstämmen wird erst der Pfahl und dann die Pflanze gesetzt.
– Buschrosen müssen so gepflanzt werden, daß die Veredelungsstelle 5 cm unter der Oberfläche zu liegen kommt. Es ist eine Rückversicherung für einen Neuaustrieb, falls in einem kalten Winter alles zurückfriert.
– Nun füllt man die Erde locker ein. Sie wird nicht festgetreten, sondern mit Wasser in die Hohlräume eingeschlämmt.
– Man wartet nun einige Zeit, bis sich die Pflanze gesetzt hat.
– Nach einer Pause wird die restliche Erde eingefüllt und leicht angegossen. Bei Hochstämmen soll der Wurzelkranz mit 10 cm Erde bedeckt und die Rose unter- und oberhalb der Veredelungsstelle angebunden sein.
– Der Pflanzschnitt wird im Frühjahr durchgeführt.
– Die erste Düngung erfolgt im kommenden Herbst. Der Jahresbedarf pro m² ist auf der Packung angegeben; davon gibt man ein Drittel im Oktober und zwei Drittel von Februar bis Juni in mindestens drei Gaben.

Der Rosenschnitt

Der Zeitpunkt des Schnittes beeinflußt entscheidend den Blühverlauf. Langjährige Versuche zeigten, daß ein Schnitt nach der Aprilmitte am günstigsten ist, auch wenn die obersten Knospen bereits ausgetrieben haben. Ein Herbstschnitt hat sich nicht bewährt. Nach dem Verblühen schneidet man den Blütenstand mit den zwei darunterliegenden Laubblättern ab. Die Methode früherer Jahre, tief abzuschneiden, kann nicht empfohlen werden, da die Blütenentwicklung für den zweiten Flor zu lange dauern würde.

Für Buschrosen gilt folgende Faustregel:
Starkwüchsige Sorten auf 5 bis 7 Triebe mit 5 bis 7 Augen,
schwachwüchsige Sorten auf 3 bis 5 Triebe mit 3 bis 5 Augen zurückschneiden.
Allgemein läßt sich sagen: starker Trieb = schwacher Rückschnitt; schwacher Trieb = starker Rückschnitt. Der Schnitt ist 3 bis 5 mm über dem Auge durchzuführen – nicht knapper.

Stammrosen sollten möglichst voll sein, also muß etwas kürzer geschnitten werden. Triebe, die schwächlich, unreif und parallel mit anderen laufen, müssen – wie bei Buschrosen – entfernt werden. Alle anderen schneidet man auf 3 bis 4 Augen pro Trieb herunter.

Kletterrosen blühen reichlich am zwei- und mehrjährigem Holz. Der Haupttrieb bleibt viele Jahre erhalten; die einjährigen Seitentriebe nimmt man, je nach Stärke, auf 2 bis 5 Augen zurück. Die Triebenden bleiben ungeschnitten.
Eine sogenannte Palmette von etwa 45 Grad Wuchsrichtung für die Haupttriebe ist die ideale Wuchsform der Kletterrosen. Sie können ja nicht aktiv klettern, sondern müssen immer aufgebunden werden.
Erstklassiges Werkzeug ist eine Selbstverständlichkeit. Zu empfehlen ist eine Universalschere, wie sie auch im Obstanbau gebraucht wird sowie eine Klappsäge. Sie ist ideal, um alte und trockene Triebe sauber an der Entstehungsstelle zu entfernen.

Blütenduft

Die Angaben über den Blütenduft können nur andeutungsweise sein. Er ist abhängig von der Atmung und der Lebenstätigkeit der Rose. Obgleich Düfte von verschiedenen Menschen unterschiedlich wahrgenommen werden, so ist er doch bei trockener, warmer Witterung und guter Wasserversorgung am intensivsten.

Blütenfarbe

Wie die Größe und Form, so liegt auch die Blütenfarbe nicht immer fest. Sie ist in Schattierungen sowohl von Witterungseinflüssen, der Nährstoff- und Wasserversorgung als auch vom Klimagebiet abhängig. Es ist bekannt, daß Blütenfarben, nicht nur bei Rosen, in den höheren Alpenlagen am leuchtendsten sind.

Winterschutz

Nicht Kälte, sondern die Wintersonne bringt vor allem im Vorfrühling bei Rosen Probleme. Deshalb reicht ein leichter Schutz mit Fichtenreisern in der Regel für eine Beschattung der Büsche aus. Sehr unterschiedlich, meistens jedoch negativ, wird das herbstliche Anhäufeln als Winterschutz beurteilt. Es bringt in kalten Wintern mehr Schaden als Nutzen.

Auch Kletterrosen sind frostgefährdet. Mit dachziegelartig angehängten Fichtenzweigen hat man einen guten Schutz vor kaltem, austrocknendem Wind und Wintersonne.

Hochstammrosen darf man keinesfalls mit Plastiktüten schützen. Es entsteht sonst ein Hitzestau (Gewächshauseffekt), der für die Pflanze tödlich sein kann. Zumindest werden die Knospen zu frühzeitigem Austrieb veranlaßt, während gleichzeitig der Boden noch gefroren ist und somit keine ausreichende Wasserversorgung gewährleistet werden kann.

Man bindet deshalb 3 bis 4 Fichtenreiser an den Stielenden zusammen und setzt sie dann als Spitzenhaube auf die (zusammengebundene) Rosenkrone.

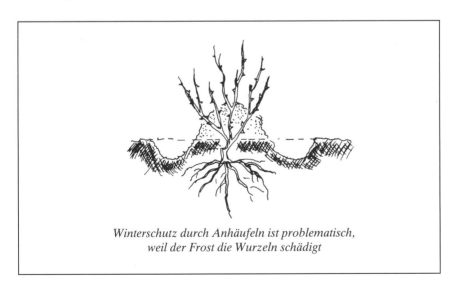

Winterschutz durch Anhäufeln ist problematisch,
weil der Frost die Wurzeln schädigt

61

Rosenmüdigkeit

Sind die Rosen alt und lassen in der Blüte und im Trieb stark nach, dann ist es Zeit für eine Neupflanzung. Dies darf jedoch nicht an gleicher Stelle geschehen. Die Stoffwechselrückstände der vorigen Pflanzung und Schadorganismen im Boden würden sonst dieselben Wachstumsstörungen verursachen.

Was heißt ADR-Rose?

Dieses Zeichen besagt, daß die Rose die „Alldeutsche Rosen-Neuheiten-Prüfung" mit Erfolg bestanden hat und als „Anerkannte Deutsche Rose" geführt werden darf. Bei dieser Prüfung, die sich über 3 bis 4 Jahre erstreckt, werden sehr strenge Maßstäbe angelegt. Sie ist die härteste Rosenprüfung der Welt. So müssen sich die Prüfsorten – ohne ein einziges Mal mit Pflanzenschutzmitteln behandelt zu werden – in neun neutralen Prüfungsgärten unter verschiedenen Boden- und Klimaverhältnissen bewähren.
Jährlich einmal entscheiden die Prüfer aufgrund der Prüfungsergebnisse über Anerkennung oder Ablehnung. Die Strenge der Prüfung geht auch daraus hervor, daß im Laufe von dreißig Jahren nur rund 15% der geprüften Sorten ADR-Sorten wurden.
Die Jahreszahl hinter dem ADR-Zeichen bezeichnet das Anerkennungsjahr als ADR-Rose.

Rosarien und Rosengärten

in der Bundesrepublik:
Baden-Baden, Bad Nauheim-Steinfurth, Berlin, Bonn, Coburg, Dortmund, Essen, Eutin, Frankfurt, Hamburg, Hannover, Heidelberg, Hof, Karlsruhe, Lahr, Ludwigsburg, Ludwigshafen, Mainau, Mainz, Mannheim, Marburg, München, Pinneberg, Pyrmont, Rethmar, Saarbrücken, Stuttgart, Trier, Uetersen, Ulm, Walsrode, Weihenstephan, Zweibrücken;

in der DDR:
DDR-7570 Forst/Lausitz, DDR-4700 Sangerhausen.

Rosensorten im Freizeitgarten

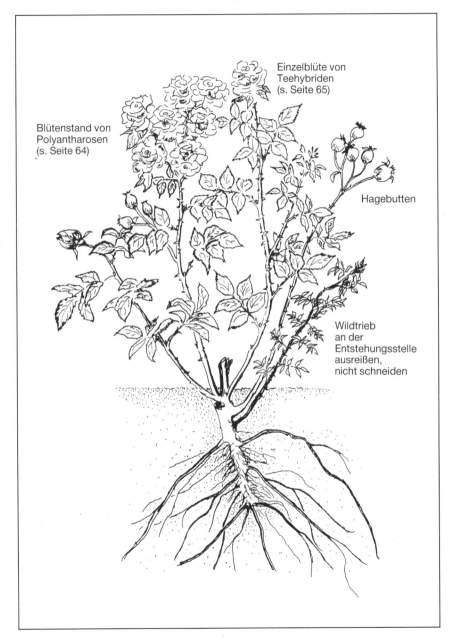

Einzelblüte von
Teehybriden
(s. Seite 65)

Blütenstand von
Polyantharosen
(s. Seite 64)

Hagebutten

Wildtrieb
an der
Entstehungsstelle
ausreißen,
nicht schneiden

Beetrosen (Polyanthahybriden und Floribundarosen)

Sorte Zuchtjahr*	Blütenfarbe Wuchshöhe in cm	Duft Pflanzweite in cm	besondere Hinweise
'Dalli Dalli' ADR 1975	blutrot 50–70	– 45	mittelgroße, gefüllte Blüten; doldiger Blütenstand; dunkelgrüne, glänzende Blätter
'Friesia' ADR 1973	goldgelb 40–60	leicht 40	Blütenstand mit 10–12 Blüten; wetterbeständig; lange Blütezeit
'Goldtopas' ADR 1963	bernstein 40–50	reichlich 35	große, edle Blütenform in lockerem Blütenstand
'Gruß an Bayern' ADR 1973	blutrot 50–70	– 45	große Blütenstände mit mittelgroßen Blüten; bis zum Frost durchblühend
'Margaret Merril' 1977	weiß 30–50	sehr stark 35	kleine, doldige Blütenstände mit zartem, gelblichrosa Ton
'Montana' ADR 1974	blutorange 70–90	– 45–50	5 Blüten an einem Blütenstand; farbbeständig; robust; glänzende Blätter
'Queen Elisabeth' 1954	rosa 80–100	– 45–50	lockerer Blütenstand mit großen, dauerhaften Blüten; sehr robust; ungeschnitten auch für Einzelstellung
'Rosali 83' 1983	rosa 40–60	leicht 40	kompakte Beetrose mit lockerem Blütenstand dicht über dem Laub
'Sarabande' 1957	scharlach 35–45	– 40	großer Blütenstand mit Schalenblüten; wetterbeständig; robuste Sorte für Hausgärten

* ADR und Jahreszahl bezeichnet das Anerkennungsjahr als ADR-Rose;
die Jahreszahl allein bezeichnet das Züchtungsjahr.

Edelrosen (mit Teehybriden und großblumigen Floribundarosen)

Sorte Zuchtjahr*	Blütenfarbe Wuchshöhe in cm	Duft Pflanzweite in cm	besondere Hinweise
'Alecs Red' ADR 1973	dunkelrot 60–80	stark 45	edelgeformte, samtige Blüte; stark gefüllt; klassische Schnittrose
'Burgund 81' 1981	blutrot 60–80	reichlich 40	große, stark gefüllte Blüten; Duft unterschiedlich; für Gruppenpflanzungen und Schnitt geeignet
'Carina' ADR 1966	rosa 80–100	leicht 50	mittelgroße Blüten, später silberrosa; gute, haltbare Schnittsorte
'Duftgold' 1981	gelb 40–70	intensiv 40	große, gut gefüllte, becherförmige Blüten; ledrige, glänzende Blätter, für Schnitt geeignet
'Duftwolke' ADR 1964	lachsrot 50–70	sehr stark 45	lockerer Blütenstand mit 5–7 sehr großen Blüten bis zum Frost; auch für kältere Lagen; keine heißen Plätze
'Erotica' ADR 1969	blutrot 60–80	reichlich 45	sehr langstielige, samtige Blüten; reichblühend und haltbar
'Evening Star' 1974	weiß 80–100	reichlich 50	mittelgroße Blüten an einem Stiel; ungeschnitten auch für Einzelstellung
'Freude' ADR 1975	lachsrot 80–100	reichlich 50	große, außen rötlich geflammte Blüten; mehrere Einzelblüten an einem Stiel; auch Einzelstellung
'Mainzer Fastnacht'	violettrosa 50–70	intensiv 40	mehrere große, locker gefüllte Blüten an einem Stiel; wenig bestachelt

* ADR und Jahreszahl bezeichnen das Anerkennungsjahr als ADR-Rose; die Jahreszahl allein bezeichnet das Züchtungsjahr.

Edelrosen (mit Teehybriden und großblumigen Floribundarosen) (Forts.)

Sorte Zuchtjahr*	Blütenfarbe Wuchshöhe in cm	Duft Pflanzweite in cm	besondere Hinweise
'Oklahoma' 1964	blutrot 60–80	stark 40	gut geformte Blüten, im Verblühen leicht verblauend; nicht an heißen Plätzen
'Papa Meilland' 1963	schwarzrot 60–80	sehr stark 40	große, samtige, gut geformte Blüten; nicht an heißen Plätzen; mehltauanfällig
'Polarstern' 1982	weiß 80–100	leicht 50	große, gut gefüllte Blüten; robuste weiße Sorte
'Sutters Gold' 1950	goldgelb 80–100	reichlich 50	sehr schöne, rotgeflammte, gut gefüllte Blüte; reichblühend bis zum Frost; beliebt und bewährt
'Sylvia' ADR 1977	reinrosa 80–100	leicht 50	mehrere große, gut gefüllte Blüten an einem Stiel; auch für Schnitt geeignet

Zwergrosen (Zwergbengalrosen, Kompaktrosen)

Sorte Zuchtjahr*	Blütenfarbe Wuchshöhe in cm	Duft Pflanzweite in cm	besondere Hinweise
'Bit O' Sunshine' 1963	gelb 30 (–40)	– 35	kleinere Blütenstände mit großen, locker gefüllten Blüten; recht dichtbuschig
'Guletta' 1976	intensiv gelb bis 35	– 35	dichte, verzweigte Blütenstände mit großen Blüten; reichblühend

* ADR und Jahreszahl bezeichnen das Anerkennungsjahr als ADR-Rose;
die Jahreszahl allein bezeichnet das Züchtungsjahr.

Zwergrosen (Zwergbengalrosen, Kompaktrosen) (Fortsetzung)

Sorte Zuchtjahr*	Blütenfarbe Wuchshöhe in cm	Duft Pflanzweite in cm	besondere Hinweise
'Little Artist' 1984	blutrot bis 40	– 35	kleine, schalenförmige Blüten; gelbe Staubgefäße; insgesamt sehr schmückend
'Starina' ADR 1971	lachsrot bis 40	– 35	lockere Rispen mit mittelgroßen, gefüllten Blüten; wetterbeständig
'Zwergkönig 78' 1978	blutrot bis 40	– 35	lockere Büschel mit großen, samtigen Blüten; farbbeständig
'Zwergkönigin 82' 1982	intensiv rosa bis 40	– 35	mittelgroße Büschel mit großen, gefüllten Blüten; nicht an heißen Plätzen; wie Beetrosen verwenden

Einmalblühende Strauchrosen

Deutscher Name *Botanischer Name*	Blütenfarbe Wuchshöhe in cm	Duft Pflanzweite in cm	besondere Hinweise
Moosrose *Rosa centifolia* *'Muscosa'*	rosa bis 150	intensiv einzeln	mittelgroße, dichtgefüllte Blüten; typische Rose des Bauerngartens; Blütenblätter für feines Konfekt verwendbar
Chinesische Goldrose *Rosa hugonis*	gelb bis 200	– einzeln	kleine, einfache Schalenblüten, doch sehr wirkungsvoll; bogiger Wuchs

* ADR und Jahreszahl bezeichnen das Anerkennungsjahr als ADR-Rose; die Jahreszahl allein bezeichnet das Züchtungsjahr.

Einmalblühende Strauchrosen (Fortsetzung)

Deutscher Name *Botanischer Name*	Blütenfarbe Wuchshöhe in cm	Duft Pflanzweite in cm	besondere Hinweise
Stacheldrahtrose *Rosa omeiensis* *f. pteracantha*	weiß bis 250	– einzeln	wirkt besonders durch die starkbe- stachelten, roten Triebe
Kartoffelrose *Rosa rugosa* 'Hansa'	rotviolett über 150	intensiv einzeln	große, locker gefüllte Blüten; ge- sundes Laub; große Hagebutten, nutzbar für Marmeladen

Mehrmals blühende Strauchrosen

Sorte Zuchtjahr*	Blütenfarbe Wuchshöhe in cm	Duft Pflanzweite in cm	besondere Hinweise
'Angela' ADR 1982	karminrosa 130–150	leicht 100–120	lockere Büschel mit kleinen, halb- gefüllten Blüten
'Bischofsstadt *Paderborn'* ADR 1968	orange bis 150	– 120	lockere Blütenstände mit mittel- großen Schalenblüten bis zum Frost
'Robusta' ADR 1980	karminrot bis 200	– einzeln	mittelgroßer Blütenstand mit Schalenblüten; farb- und wetter- beständig bis zum Frost
'Westerland' ADR 1974	bernstein bis 200	reichlich einzeln	Blütenstände mit locker gefüllten, am Rand orangefarbigen Blüten bis zum Frost

* ADR und Jahreszahl bezeichnen das Anerkennungsjahr als ADR-Rose;
die Jahreszahl allein bezeichnet das Züchtungsjahr.

Kletterrosen

Sorte Zuchtjahr*	Blütenfarbe Wuchshöhe in cm	Duft Platzbedarf in m²	besondere Hinweise
'Compassion' ADR 1976	silberrosa bis 250	intensiv 2	große, gefüllte, gut geformte Blüten; öfterblühend; für wärmere Lagen
'Goldfassade' 1967	gelb bis 400	reichlich 3	kleine Blütenstände mit reichem und dauerhaftem Blütenflor
'Gruß an Heidelberg' ADR 1960	feuerrot bis 300	leicht 2	kleinere Blütenstände mit großen, farbbeständigen Blüten bis zum Herbst; auch als große Strauchrose kultivierbar
'Lawinia' 1980	rosa bis 300	reichlich 2	kleine Blütenstände mit großen, locker gefüllten Blüten; reichblühend, wirkungsvoll
'Morning Juwel' ADR 1975	karminrosa bis 300	reichlich 2	kleine Büschel mit mittelgroßen, locker gefüllten, edlen Blüten; öfterblühend
'Sympathie' ADR 1966	scharlach bis 400	reichlich 3	kleine Blütenstände mit großen, edelrosengleichen Blüten; früh- und reichblühend; sehr beliebte Rose

* ADR und Jahreszahl bezeichnen das Anerkennungsjahr als ADR-Rose; die Jahreszahl allein bezeichnet das Züchtungsjahr.

Schädlinge an Rosen

Rote Spinne (Spinnmilben)

Schadbild   Spinnmilbenbefall äußert sich durch fahle, glanzlose, besonders in Adernähe fein gesprenkelte Blätter. Die gelben Tüpfel nehmen sehr schnell zu, bis das Blatt schließlich vertrocknet und abfällt. Ursache ist die stark erhöhte Wasserverdunstung infolge der massenhaften Einstichstellen.
Heiße, lange Trockenperioden und Wärmestrahlen von unten und an Mauern fördern die Milbenentwicklung.
Im Winter erkennt man die roten Wintereier in Knospennähe.

Bekämpfung   Die Bekämpfung ist mitunter schwierig, weil Spinnmilben sehr lebenskräftig sind. Eine Austriebsspritzung mit Attraco richtet sich gegen die Wintereier. Ganz neu sind zwei weitere, nützlingschonende Mittel: Apollo wirkt ausschließlich gegen die Wintereier und Larven der Spinnmilben. Ältere Milben oder andere Insekten werden nicht erfaßt. Cropotex dagegen erfaßt auch die späteren Entwicklungsstadien. Vorbeugende Maßnahmen, um den Milbenbefall einzuschränken, sind
– maßvoller Umgang mit Stickstoffdüngern
– wiederholte Spritzungen mit Knoblauchbrühe, der man Rainfarn zusetzt.

Rosenzikade

Schadbild   Auf den Blättern ist eine gelbliche bis weißliche Sprenkelung, zunächst entlang der Blattadern, später über die Blattfläche verteilt, sichtbar. Die Knospen können verkrüppeln und entfalten sich nicht normal. Auf der Blattunterseite sieht man die bis zu 3 mm großen, gelblich-geflügelten und ungeflügelten Insekten, die bei Berührung der Pflanzen fortspringen.

Bekämpfung   Eine Behandlung mit Pflanzenextrakten ist wenig erfolgversprechend. Da der Schädling sehr beweglich ist, kann er auch nicht abgesammelt werden. Auch hier setzt man bei der Bekämpfung möglichst nützlingschonende Mittel wie Spruzit oder Parexan ein.
Die Rosenzikade bildet 1 bis 2 Generationen pro Jahr und überwintert unter der Rinde junger Zweige.

links oben: Chinesische Goldrose, Rosa hugonis (siehe S. 67)
rechts oben: Beetrose 'Sarabande' (siehe S. 64)
Mitte links: Zwergrose 'Zwergkönig' (siehe S. 67)
Mitte rechts: Beetrose 'Gruß an Bayern' (siehe S. 64)
links unten: Beetrose 'Montana' (siehe S. 64)
rechts unten: Rosen mit Lavendel

links oben: Wintereier der Roten Spinne (ca. 50fache Vergrößerung) (siehe S. 70)
rechts oben: Große Rosenlaus (siehe S. 73)
links unten: Schadbild durch die Rosenblattrollwespe (siehe S. 74)
rechts unten: Fraßgang der Larven des Rosentriebbohrers (siehe S. 74)

Große Rosenlaus

Schadbild Ein Befall äußert sich durch Kräuselung und Einrollen der Blätter und Verkümmern der noch jungen Triebe und Knospen. An der Blattunterseite erkennt man grünliche und fleischfarbene, bis zu 4 mm große Läuse. Darunter liegende Blätter sind durch die Ausscheidungen der Schädlinge oft stark mit Honigtau überzogen, eine Ursache für den Befall mit Sternrußtau, der eine gefürchtete Pilzkrankheit an Rosen ist. Die schwarzen Wintereier sieht man meist in Knospennähe. Die große Rosenlaus ist wirtswechselnd, wobei die Rose den Hauptwirt darstellt. Skabiosen (Kardengewächse) und Baldrian sind die Nebenwirte.

Bekämpfung Bei der Bekämpfung müssen verschiedene, abwechselnd benutzte Spritzmittel verwendet werden, weil die Läuse sehr lebenskräftig sind und sich schnell an die Wirkstoffe gewöhnen. Die Wintereier und Jungläuse können im Rahmen der Austriebsspritzung mit Attraco, Promanal oder Folidolöl vernichtet werden. Außer Spruzit und Parexan gibt es das nützlingschonende Spezialmittel Pirimor-Granulat gegen Läuse.

Wer auf den Einsatz industrieller Mittel verzichten will, muß bereits den Frühbefall erkennen. Dann kann man die ersten Läuse noch zerdrücken. Weitere Bekämpfungen:

– Frühmorgens, wenn die Läuse von der Nachtkühle noch starr sind, spritzt man mit einem kalten, scharfen Wasserstrahl einfach ab. Die Blätter müssen dann aber schnell wieder abtrocknen können, da sonst ein Befall mit Pilzen möglich ist.

– Wiederholte Spritzungen mit Kaltwasserauszug (20 Std.) aus Brennesseln über mehrere Tage können ebenfalls erfolgreich sein.

– Es ist zu beobachten, ob eventuell vorhandene Nützlinge zur Befallsminderung ausreichen: Marienkäfer mit ihren Larven, Larven der Florfliegen und Schwebfliegen oder Schlupfwespen.

– Eine Stickstoffüberdüngung bewirkt mastiges Wachstum mit weichen Trieben und Blättern. Dieses sind die bevorzugten Befallsstellen. Eine Bodenuntersuchung bringt Klarheit, ob der Kalihaushalt in Ordnung ist.

Rosenblattrollwespe

Schadbild Ab Mai sind die Blätter bei einem Befall nach unten eingerollt und abwärts geneigt. In dieser „Rolle" fressen hellgrüne, 8 bis 9 mm lange Raupen mit brauner Kopfkapsel. Es sind die Larven einer schwarzen Wespenart, die im Mai ihre Eier an den Blatträndern ablegt. Die Larven verlassen die Blätter etwa ab Juli und gehen zur Verpuppung in den Boden.

Bekämpfung Eine Bekämpfung ist schwierig, da die Larven in den Blattrollen selten direkt getroffen werden. Grundsätzlich ist aber das nützlingschonende Spezialpräparat Dipel ein wirksames Mittel gegen Raupen aller Art.

Kleiner Rosenkäfer

Schadbild Fraßstellen an den Blütenknospen, den Blütenblättern und an den Staubgefäßen sind im Juni sichtbar; auch Blattfraß ist möglich.

Bekämpfung Die letzte Möglichkeit der Bekämpfung ist das Absammeln.

Rosentriebbohrer

Schadbild In den Trieben wird durch Raupen („Röhrenwurm") das Mark ausgefressen, was meist zum Absterben der Triebe führt. Oft sind auch Bohrlöcher sichtbar, aus denen weißes Bohrmehl austritt. Die Eier werden im Frühjahr bis Frühsommer von einer Wespenart in den Blattstielgrund gelegt.

Bekämpfung Sie ist mit naturgemäßen Mitteln nicht möglich. Der befallene Trieb muß abgeschnitten und verbrannt werden.

Vermehrung

Einfache Vermehrungsarten der Laubgehölze

Teilen

Eine Teilung ist bei den Gehölzen möglich, die bewurzelte Schosse aus dem Wurzelstock austreiben. Je nach Umfang der Mutterpflanze kann man vier und mehr Teilpflanzen gewinnen. Diese müssen sofort zurückgeschnitten und aufgepflanzt werden.
Termin: Vegetationsruhe, am besten im Herbst

Teilung
Diese Vermehrungsart ist bei Liguster, Berberis, Spiraea
und Lonicera möglich

Ableger

Sie macht man, wenn viele Pflanzen gebraucht werden. Dazu werden 10 cm tiefe Rillen, sternförmig um die Mutterpflanze herum, gezogen. Einjährige Langtriebe werden eingelegt und festgehakt. Die Jungtriebe entwickeln sich aus den nach oben weisenden Augen. Entsprechend dem Wachstum der Jungtriebe füllt man die Rillen nach und nach auf; die Wurzeln bilden sich nach dem Sommer.
Termin: Vor Vegetationsbeginn

Ableger
links: Mutterpflanze mit abgelegtem Trieb; rechts: bewurzelter Ableger.
Diese Art der Vermehrung kann bei Kletterpflanzen und Flieder
durchgeführt werden

Absenker

Ein- oder mehrjährige Triebe werden in möglichst kurzem Bogen in eine etwa 15 cm tiefe Grube abgesenkt, festgehakt und wieder aufgerichtet. An der Unterseite der Biegestelle hebt man eine Rindenzunge ab; dies fördert die schnelle Wurzelbildung. Als Füllerde eignet sich am besten ein Torf-Sand-Gemisch, das feucht gehalten wird. Normalerweise bewurzeln die Gehölze bereits im ersten Jahr ausreichend. Bei Magnolie und Zaubernuß dauert es länger.

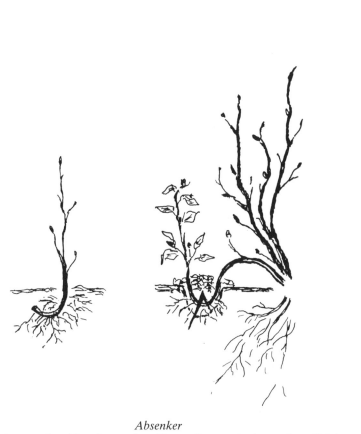

Absenker
links: bewurzelter Absenker; rechts: Mutterpflanze mit abgesenktem Trieb.
So können Rhododendron, Flieder, Viburnum, Cotoneaster
und Kletterpflanzen vermehrt werden

Eine ungewöhnliche Rosenvermehrung

Wenn auch die Okulation die allgemein übliche Vermehrungsart ist, so lassen sich verschiedene Rosengruppen durchaus auch durch Steckhölzer, Absenker oder Ableger vermehren. Versuchsfreudige Freizeitgärtner probieren diese Methoden oft mit Erfolg aus.

Häufig sind derart vermehrte Rosen auch gesünder als Okulanten. Die lästigen Wildtriebe kommen dadurch nicht vor.

Für Steckhölzer eignen sich gut ausgereifte, diesjährige Triebe, die nach dem Laubfall gewonnen werden. (Ausnahmen sind Blut- und Fruchtjohannisbeeren; diese schneidet man im September, wobei die Triebe sofort zu entblättern sind.)

Sie sollen etwa 20 bis 25 cm lang sein, jeweils 5 mm unterhalb beziehungsweise oberhalb des Auges geschnitten. Bei Rosen werden die Stacheln nicht entfernt.

Anschließend wird sofort in lockere, am besten sandige Erde im Abstand von 5 cm gesteckt, wobei das oberste Auge gerade auf dem Boden aufliegen soll. Die Steckhölzer werden ständig feucht gehalten.

Eine Auflage von 2 cm Torf ist in kälteren Lagen und schneelosen Wintern sehr hilfreich. Mit etwas Glück bildet das Steckholz über Winter Wurzeln und im Frühling einen kräftigen Trieb. Er ist die Grundlage für die gewünschte Erziehungsform: Es wird ein mehrtriebiger Busch, wenn man ihn auf 4 bis 5 Augen einkürzt; soll es aber ein Stämmchen werden, so bindet man den Trieb an einen Stab, damit er gerade wächst und kürzt ihn erst in der gewünschten Höhe ein. Die obersten 3 bis 4 Augen treiben dann aus.

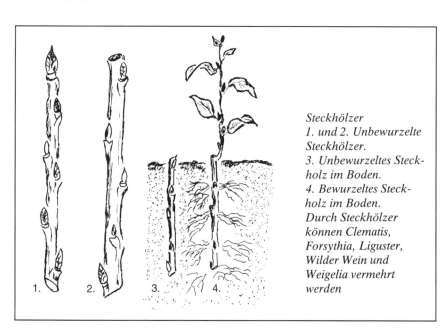

Steckhölzer
1. und 2. Unbewurzelte
Steckhölzer.
3. Unbewurzeltes Steck-
holz im Boden.
4. Bewurzeltes Steck-
holz im Boden.
Durch Steckhölzer
können Clematis,
Forsythia, Liguster,
Wilder Wein und
Weigelia vermehrt
werden

Die Vermehrung durch Okulation

Durch diese Art der Veredelung entstehen in den Baumschulen die meisten Obst- und Zierbäume, auch Flieder und viele andere Schmuckgehölze. Gärtnerische Versuchsanlagen, Obst- und Gartenbauvereine, mitunter auch die Volkshochschulen, bieten Lehrgänge an, in denen die Technik der Arbeitsabläufe rasch zu erlernen ist.

Für die Okulation benötigt man:
- ein scharfes Gärtnermesser
- ein dieses Jahr gewachsenes Edelreis mit der richtigen Holzreife
- eine fingerstarke Unterlage (Wildling).

Der richtige Veredelungszeitpunkt ist dann, wenn sich die Rinde der Unterlage gut lösen läßt und beim Edelreis gut ausgebildete Augen vorhanden sind (August).

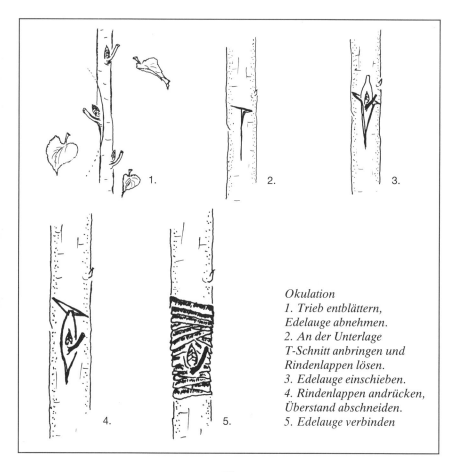

Okulation
1. Trieb entblättern,
Edelauge abnehmen.
2. An der Unterlage
T-Schnitt anbringen und
Rindenlappen lösen.
3. Edelauge einschieben.
4. Rindenlappen andrücken,
Überstand abschneiden.
5. Edelauge verbinden

1. Für die Okulation nimmt man einen vollständig abgeblühten Trieb, der sofort entblättert wird.
   Das Auge wird mit einem ziehenden, flachen Schnitt so abgehoben, daß wenig Holz daran verbleibt, da es sonst mit der Unterlage nicht gut verwächst. Andernfalls löst man das Holz (Schildchen) vorsichtig von oben nach unten heraus. Das unterhalb des Auges liegende Blattstielchen verbleibt daran, da es später noch wichtig ist.
   Das Ablösen des Edelauges ist die wichtigste Arbeit, die mit großer Sorgfalt ausgeführt wird. Vor dem Ernstfall übt man mehrmals mit anderen Reisern.

2. Bei Ausführung des T-Schnittes an der Unterlage wird nur die Rinde durchschnitten, sie löst sich dann gut vom Holzkörper.
   Die beiden Rindenlappen werden aufgeklappt. Am Okuliermesser ist dafür der Löser vorgesehen. Hat man keines zur Hand, so geht es auch vorsichtig mit dem Daumennagel.

3. Das Auge am Blattstielchen anfassen und einschieben. Das Messer kann (vorsichtig) nachhelfen, nicht aber der Daumen. Das Ganze muß rasch durchgeführt werden, damit die Schnittflächen nicht antrocknen.

4. Jetzt sitzt das Auge fest. Ragt oben ein Teil heraus, so wird er mit dem Messer abgetrennt. Spätestens jetzt merkt der Veredler, wie wichtig ein scharfes Messer ist.

5. Früher gab es zum Verbinden ausschließlich Bast. Aber bequemer geht es mit selbstklebendem Tesa-Krepp (1 cm breit) oder Lac-Balsam-Veredlungsband. Auch Tesafilm ist im Notfall brauchbar. Verbunden wird lückenlos von unten nach oben, ohne Baumwachs zu benutzen. Das Blattstielchen muß immer noch am Edelreis bleiben.

6. War das Messer nicht scharf genug, so passen Edelauge und Unterlage nicht genau aufeinander. Sie verbinden sich nicht, und das Auge stirbt ab.

Weitere Behandlung der Okulation
Fällt nach zwei Wochen das Blattstielchen bei Berührung ab, so ist alles in Ordnung; die Veredelung ist gelungen. Will es nach drei Wochen immer noch nicht abgehen, dann ist noch Zeit, nochmals zu veredeln.
Die Unterlage wird im Frühjahr „auf Zapfen geschnitten", das heißt, es verbleibt nur ein Stück über der Veredlungsstelle, damit die Versorgung durch die Wurzeln ausschließlich dem Austrieb des Edelauges dient. Deshalb schneiden wir die Augen am Zapfen (Wildaugen) heraus.
Damit der neue Edeltrieb nicht durch den Wind ausgebrochen wird, wird er mit Bast an den Zapfen gebunden.
Die Verbindung des Edeltriebes mit der Unterlage ist im folgenden Spätwinter so fest, daß der Zapfen nun überflüssig ist; er wird entfernt.
Der neue Edeltrieb ist die Grundlage für alle Erziehungsformen. Er wird ein mehrtriebiger Busch, wenn er im Herbst auf vier bis fünf Augen zurückgeschnitten wird.

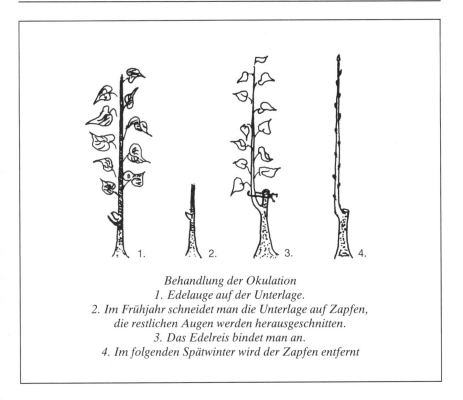

Behandlung der Okulation
1. Edelauge auf der Unterlage.
2. Im Frühjahr schneidet man die Unterlage auf Zapfen,
die restlichen Augen werden herausgeschnitten.
3. Das Edelreis bindet man an.
4. Im folgenden Spätwinter wird der Zapfen entfernt

Arbeitsablauf der Rosenerziehung zum Busch:
– Okulation im August
– Austrieb im Frühjahr
Es wird kein Zapfen geschnitten; den Neutrieb entspitzt man nach dem 4. Blatt. Der Trieb verzweigt sich sofort mit 3 bis 4 Trieben. Im Herbst des folgenden Jahres nach der Okulation ist der neue Rosenbusch fertig zum Verpflanzen.

Die Gartenstauden

Was sind eigentlich Stauden? Die einfache gärtnerische Erklärung lautet: Stauden sind mehrjährige, winterharte, krautartige Gewächse, deren unverholzte Sproßachsen in der Regel zum Winter hin absterben und sich bei Vegetationsbeginn aus über dem Boden liegenden Knospen erneuern. Die Überwinterung erfolgt in verdickten Wurzeln, Wurzelstöcken, Sproßknollen, Zwiebeln, Knollen, Rosetten oder Ausläufersprossen.

Gliederung der Stauden:

1. **Polster- und mattenbildende Stauden, sogenannte Bodendecker**
   Es handelt sich um Pflanzen, die an den niederliegenden Trieben Wurzeln bilden und so mitunter große Flächen bedecken können. Darunter fallen auch weniger wuchernde wie zum Beispiel die alpinen Kleinstauden mit rosettenartigen Sprossen und Blattformen.

2. **Halbhohe und hohe Stauden**
   In diese Gruppe sind die meisten Beet- und Schnittstauden einzuordnen.

3. **Gräser**
   Sie sind aufzuteilen in Gräser für die Einzel- und Gruppenpflanzung sowie die exotischen Bambusgräser.

4. **Farne**
   Sie haben keine Blüten und unterscheiden sich von den höheren Pflanzen durch ihre Vermehrung durch Sporen.

5. **Zwiebel- und Knollengewächse**
   Man unterscheidet zwischen winterharten und nicht winterharten Arten. Wenn auch manche bisweilen außerhalb der Erde trocken überwintert werden, so zählen sie dennoch zu den winterharten Blütenstauden (z. B. Tulpe).
   Freilandorchideen überwintern in sogenannten Bulben.

6. **Sumpf- und Wasserpflanzen**
   Eine Einteilung wird nach ihren Lebensbereichen vorgenommen:
   – Feuchtzone mit vorübergehender Nässe
   – Sumpfzone mit niedrigem Wasserstand
   – Seerosenzone mit tieferem oder tiefem Wasserstand
   – Wasseroberfläche mit Schwimmpflanzen.

Polster- und mattenbildende Stauden (Bodendecker)

Bodendeckende Stauden sind nicht nur Lückenbüßer im Garten – sie erfüllen wichtige, teilweise unentbehrliche Funktionen:
- Begrünung und Befestigung von Steilhängen, an denen kein Rasen gemäht werden kann
- ruhige und harmonische Verbindung zwischen höheren „Leitpflanzen", etwa Schmuckgehölzen oder Prachtstauden in Einzelstellung
- Unterdrückung des Unkrautwuchses auf freien Flächen
- Bildung von Pflanzgemeinschaften mit Blumenzwiebeln, besonders Lilien
- Verdecken von Mauerkanten; Wachstum auch in den Fugen von Trockenmauern
- Trittfester Rasenersatz an schattigen Stellen
- Bodenbedeckung für Grabstätten.

Niedrigbleibende Stauden

Deutscher Name *Botanischer Name*	Blütezeit Blütenfarbe Pflanzweite in cm	besondere Hinweise
Stachelnüßchen *Acaena buchananii*	Juni – Juli unscheinbar 10–15	immergrün; für trockene Sandböden in Steingärten, auf Trockenmauern und Grabstätten; schmückendes Laub
Günsel *Ajuga reptans*	April – Juni blauviolett 20–25	immergrün; humose, feuchtere Böden im Halbschatten bis Schatten; junge Blätter zu Salat eßbar; wundheilend
Katzenpfötchen *Antennaria dioica*	Juni rosa, rot 15–20	immergrün; weißgraues Laub; für magere, leichte Böden in voller Sonne; Verwendung wie *Acaena*
Blaukissen *Aubrietta x cultorum*	April – Juni blau, rosa, rot 25–30	bildet flächige Polster in sonnigem, humosem Boden; ältere Pflanzen durch Rückschnitt verjüngen; Bienenweide
Hornkraut *Cerastium tomentosum*	Mai – Juni weiß 30	immergrün; weißfilzige, wuchernde Triebe; für jeden Boden; sonnig; besonders gute Bodendecke für Lilien

83

Niedrigbleibende Stauden (Fortsetzung)

Deutscher Name *Botanischer Name*	Blütezeit Blütenfarbe Pflanzweite in cm	besondere Hinweise
Elfenblume *Epimedium* *pinnatum* *ssp. colchicum*	April – Mai gelb, rosa, rot 30	zierender Blattschmuck; für feuchtere, humose Böden; Halbschatten bis Schatten, auch unter Bäumen
Waldmeister *Galium odoratum* *(Asperula odorata)*	Mai weiß 25–30	bekannte, stark durch Wurzelausläufer wuchernde Waldpflanze; nur für größere Flächen, da sie sonst nicht einzudämmen ist
Schleifenblume *Iberis sempervirens*	Mai – Juni weiß 25	immergrün; auf sonnigen Flächen in jedem Gartenboden; für Einfassungen, Steingärten, verschiedene Sorten
Goldnessel *Lamium* *galeobdolon*	Mai – Juni gelb 30	verschiedene Sorten mit zierenden Blättern; breitet sich stark durch wurzelnde Triebe aus; trittfester Bodendecker für große Flächen; junge Blätter zu Salat; Bienenweide
Münzkraut *Lysimachia* *nummularia*	Mai – Juli gelb 20–25	für feuchtere Böden in sonniger bis schattiger Lage; trittfeste, niedrige Matten; verträgt keine längere Trockenheit; auch Sorte mit goldgelben Blättern
Schattengrün *Pachysandra* *terminalis*	April – Mai grünweiß 25	immergrün; wertvoller Bodendecker; auch unter Bäumen; verträgt Laubfall; für große und kleinere Flächen
Teppichphlox *Phlox subulata*	Mai – Juni rosa, rot 30	immergrün; für größere und kleinere Flächen, Steingärten, Trockenmauern und Grabstätten in voller Sonne
Teppichknöterich *Polygonum affine*	Mai – Sept. rosa-rot 30	immergrün; für Einfassungen, größere und kleinere Flächen in sonniger bis halbschattiger Lage; keine trockenen Böden

Niedrigbleibende Stauden (Fortsetzung)

Deutscher Name *Botanischer Name*	Blütezeit Blütenfarbe Pflanzweite in cm	besondere Hinweise
Fingerkraut *Potentilla aurea*	Mai – Juni gelborange 20–30	für sonnige Lage vielseitig zu verwenden; verträgt auch trockene Böden; hübsches Laub
Moossteinbrech *Saxifraga trifurcata*	Mai – Juni weiß, rubin 20	immergrün; sonnig; für kleinere Flächen, Steingärten, Trockenmauern, Grabstätten und Troggarten; sehr hübsche Blüten
Schattensteinbrech *Saxifraga cuneifolia* *Saxifraga umbrosa* *'Elliot'*	Mai – Juli weiß, rosa 20	beide Arten immergrün; Verwendung wie oben; für jeden Boden in Sonne und Schatten; bildet dichte Teppiche bei zusagendem Standort; auch Sorten mit bunten Blättern; hübsche Blüten
Teppichsedum *Sedum spurium* *'Purpurteppich'*	Juli – August rot 20	immergrün; für Sonne bis Schatten; Blätter dunkelpurpur; Blüten dunkelkarminrot; Verwendung wie oben; verschiedene Sorten mit unterschiedlichen Blatt- und Blütenfarben
Leimkraut *Silene maritima*	Juni – Aug. weiß, rosa 15–20	graugrüne, flächige Polsterpflanze für vollsonnige Lagen; anspruchslos an den Boden; kalkliebend
Feldthymian *Thymus serpyllum*	Juni – Sept. rosarot 15–20	für kleinere Flächen, auch Trockenmauern und Grabstätten in voller Sonne; trockene, leichte Böden bevorzugt; immergrüne Heilpflanze; Bienenweide
Ehrenpreis *Veronica incana*	Juni – Juli blau 25	immergrün; für größere und kleinere, trockene Flächen; verträgt lange Trockenzeiten; silbergraues Laub
Veronica prostrata	Mai – Juli blau, rosa 20	nicht immergrün; kriechend, nicht wuchernd, hübscher Blütenteppich für sonnigen Stand in jedem Boden

Niedrigbleibende Stauden (Fortsetzung)

Deutscher Name *Botanischer Name*	Blütezeit Blütenfarbe Pflanzweite in cm	besondere Hinweise
Immergrün *Vinca minor*	April – Mai blau 25	trittfester, immergrüner Rasenersatz für Halbschatten bis Schatten, auch unter Bäumen; bei feuchteren Böden auch in voller Sonne
Vinca major	wie oben	wie *V. minor,* jedoch in allen Teilen größer; beide Arten auch mit weiß- und gelbbunten Blättern
Waldsteinie *Waldsteinia ternata*	April – Mai gelb 20–25	immergrün; auch für größere Flächen im Schatten; ohne besondere Ansprüche

Halbhohe und hohe Stauden

Beet- und Schnittstauden

Deutscher Name *Botanischer Name*	Blütezeit Blütenfarbe Wuchshöhe in cm	besondere Hinweise
Schafgarbe *Achillea* *filipendulina* *'Coronation Gold'*	Juni – Aug. goldgelb bis 100	für trockenere Gartenböden geeignet; schöne Schmuckstaude für Schnitt; behält die Farbe auch nach dem Trocknen
Rote Scharfgarbe *Achillea millefolium* *'Sammetriese'*	Juni – Aug. tiefrot bis 80	als Beet- und Schnittstaude wertvoll; wie vorige für jeden Gartenboden; auch zum Trocknen
Herbstanemone *Anemone japonica* *'Königin Charlotte'*	Aug. – Okt. rot 80	für Sonne und Halbschatten in jedem Boden; gehört zu den schönsten Herbstblühern; Pflanzung im Frühjahr

Beet- und Schnittstauden (Fortsetzung)

Deutscher Name *Botanischer Name*	Blütezeit Blütenfarbe Wuchshöhe in cm	besondere Hinweise
Akelei *Aquilegia caerulea* *Farbsorten*	Mai – Juni viele Farben 50–80	längere Blüte im Halbschatten; humose, auch kalkhaltige Böden; niedrige Sorten für Stein- und Troggärten
Sommeraster *Aster amellus* *'Veilchenkönigin'*	Juli – Sept. dunkelblau 50	sonniger Standort mit Wärme und Trockenheit; kalkliebend; nur Frühjahrspflanzung
Herbstaster *Aster dumosus* *'Prof. Kippenberg'*	Sept. – Okt. lavendel 40	hervorragender Herbstblüher mit kriechendem Wurzelstock; für sonnigen Standort; nährstoffhaltiger Boden notwendig; zu *Coreopsis* und *Pennisetum*
Prachtspiere *Astilbe*	Juni – Aug. viele Farben 20–80	alle für halbschattige bis schattige humose und feuchtere Lagen; verschiedene Arten mit Farbsorten; niedrige für Stein- und Troggärten; auch für Schnitt; zu Farnen pflanzen
Bergenie *Bergenia cordifolia*	April – Mai lilarosa 40	wintergrüne, robuste Staude für jeden Boden und Standort; am besten jedoch in Wassernähe im Halbschatten
Glockenblume *Campanula* *persicifolia* *ssp. sessiliflora* *'Grandiflora'*	Juni – Juli blau bis 100	schöne Beet- und Schnittstaude für Sonne und Halbschatten; lehmige Böden bevorzugt
Garten- chrysantheme *Chrysanthemum* *x hortorum*	Sept. – Nov. viele Farben bis 80	uralte, robuste Beet- und Schnittstaude mit vielen Sorten; auch Winteraster genannt; jedes 3. Jahr leicht teilbar
Margerite *Chrysanthemum* *maximum*	Mai – Juni weiß bis 100	viele, auch gefüllte Sorten, sogenannte Edelweißmargeriten; wertvoll als Beet- und Schnittstaude; mit *Delphinium* und *Papaver* pflanzen

Beet- und Schnittstauden (Fortsetzung)

Deutscher Name *Botanischer Name*	Blütezeit Blütenfarbe Wuchshöhe in cm	besondere Hinweise
Silberkerze *Cimicifuga* *racemosa*	Juli – Sept. weiß bis 180	besonders für Einzelstellung im Halbschatten bei Rhododendren und Azaleen; feuchter, humoser Boden
Mädchenauge *Coreopsis* *verticillata* *'Grandiflora'*	Juni – Sept. gelb 60	unermüdlicher Sommerblüher für sonnige Lagen; jeder Gartenboden geeignet; paßt zu *Salvia, Delphinium* und *Gaillardia*
Rittersporn *Delphinium* *x cultorum* *(Delphinium-* *Hybriden)*	Juni – Juli + Sept. – Okt. viele Farben 60–180	Sorten der Belladonna-Gruppe sind niedriger, aber standfester als die hohen Prachtsorten der *Pacific-Hybriden;* als Schnittblumen weniger haltbar; paßt zu *Papaver, Rosen, Achillea*
Federnelke *Dianthus* *plumarius*	Mai – Juni weiß, rosa, rot 20–30	als Einfassung für sonnige Standorte in kalkreichen Böden; hervorragende, stark duftende Schmuck- und Schnittstaude
Tränendes Herz *Dicentra spectabilis*	Mai – Juni rosa/weiß 60–80	will ungestört im Halbschatten wachsen; eine der beliebtesten Stauden der Bauerngärten, auch für den Schnitt verwendbar
Steppenkerze *Eremurus robustus*	Juni – Aug. zartrosa bis 200	dekorative Solitärstaude für sandige Böden in Sonne; Sommerpflanzung, nur 15 cm tief mit ausgebreiteten Wurzeln; *Eremurus stenophyllus var. bungei (E. bungei)* blüht gelb, bis 80 cm hoch
Feinstrahlaster *Erigeron x hybridus*	Juni – Aug. Blautöne 60	für alle Gartenböden in Sonne; Blüten nur offen schneiden; Rückschnitt nach Blüte fördert Nachblüte im Herbst; *'Dunkelste Aller'* ist eine der besten Sorten

links oben: Akelei, Aquilegia caerulea (siehe S. 87)
rechts oben: Schwertlilie, Iris germanica (siehe S. 92)
Mitte: Tränendes Herz, Dicentra spectabilis (siehe S. 88)
links unten: Schleifenblume, Iberis sempervirens (siehe S. 84)
rechts unten: Steinbrech, Saxifraga (siehe S. 85)

links oben: Schwingel, Festuca (siehe S. 96)
rechts oben: Alpenveilchen, Cyclamen purpurascens (siehe S. 100)
links unten: Winterling, Eranthis hiemalis (siehe S. 100)
rechts unten: Kaiserkrone, Fritillaria imperialis (siehe S. 100 f.)

Beet- und Schnittstauden (Fortsetzung)

Deutscher Name *Botanischer Name*	Blütezeit Blütenfarbe Wuchshöhe in cm	besondere Hinweise
Edeldistel *Erygium planum* *'Blauer Zwerg'*	Juni – Sept. tiefblau 50	anspruchslose, aber dekorative Beet- und Schnittstaude für alle Böden in Sonne; auch zum Trocknen
Kokardenblume *Gaillardia* *x grandiflora*	Juli – Sept. rot/gelb 50 – 60	unermüdlicher Sommerblüher in allen sonnigen, warmen Gartenböden; als Schnittblume nicht sehr haltbar; Win- terschutz
Alpenenzian *Gentiana farreri*	Aug. – Sept. himmelblau 10	für Einfassungen, Stein- und Troggär- ten in feuchtem, lehmigem Boden; ab- sonnige Lage; sehr schön auch *Gen- tiana acaulis* (Blüte Mai)
Schleierkraut *Gypsophila* *paniculata* *'Bristol Fairy'*	Juli – August weißgefüllt 100	für sonnige, kalkhaltige Böden; paßt gut zu Rosen; schleierartige Blütenris- pen, die zum Trocknen geeignet sind
Sonnenauge *Heliopsis scabra* *'Goldgefieder'*	Juli – Sept. gelb 120	Trockenheit vertragende Beet- und Schnittstaude; passend zu *Delphinium,* *Phlox, Erigeron, Veronica*
Taglilie *Hermerocallis-* *Hybriden*	Juni – Juli viele Farben 70 – 80	sehr anspruchslose, wohlriechende Beet- und Schnittstauden für Sonne bis Halbschatten; jeden Tag entsteht und vergeht eine Blüte; nach 3 – 4 Jahren teilen
Ysop *Hyssopus officinalis*	Juni – Sept. blauviolett 40 – 60	für ärmere Böden in voller Sonne; mehr als Heil- und Aromastaude be- kannt, jedoch auch sehr schmückend
Freilandgloxinie *Incarvillea* *delavayi*	Juni – Juli rosarot bis 60	schöne Schmuckstaude für Sonne und Halbschatten in kalkhaltigen Böden; wenigstens 8 cm tief pflanzen, da sonst Ausfälle durch Frost; als Schnittblume nicht haltbar

Beet- und Schnittstauden (Fortsetzung)

Deutscher Name *Botanischer Name*	Blütezeit Blütenfarbe Wuchshöhe in cm	besondere Hinweise
Schwertlilie *Iris germanica*	April – Juni viele Farben bis 100	zahlreiche Farbsorten unterschiedlicher Höhe; mehrfarbige Sorten für Einzelstellung; Teilung der Rhizome alle 3–4 Jahre im Juli
Sibirische Iris *Iris sibirica*	Juni – Juli viele Farben bis 100	für trockene und halbschattige Standorte; wirken sehr gut in Wassernähe; in allen Teilen viel zierlicher als vorige
Fackellilie *Kniphofia-Hybriden*	Juli – Sept. gelb bis rot bis 120	Beet- und Schnittstaude für Einzelstellung in Sonne; leichter Boden wird bevorzugt; Winterschutz ratsam; paßt zu Gräsern und Skabiosen
Lavendel *Lavendula angustifolia* 'Hidcote Blue'	Juli – Aug. violettblau 30	bekannte immergrüne Aromapflanze für sonnigen, trockenen Standort; getrocknete Blüten als Duftkissen; schön zu Rosen
Prachtscharte *Liatris spicata*	Juli – Okt. violett/lila 80	Gute Beet- und Schnittstaude für volle Sonne; Besonderheit: Blütenähren blühen von oben nach unten
Staudenlupine *Lupinus polyphyllus*	Mai – Juli viele Farben 60–120	besonders farbenreiche Gattung der Beet- und Schnittstauden für Sonne in kalkfreien Boden; paßt zu *Papaver, Helenium* und *Gypsophila*
Oregano *Origanum vulgare*	Juli – Sept. rosalila 30–50	bekannte Aromapflanze; sonniger, trockener Standort; buschiger Wuchs; Blüte lockt Falter und Bienen an

Beet- und Schnittstauden (Fortsetzung)

Deutscher Name *Botanischer Name*	Blütezeit Blütenfarbe Wuchshöhe in cm	besondere Hinweise
Pfingstrose *Paeonia-Lactiflora-* *Hybriden*	Juni viele Farben 60–100	Pflanzung in humose Erde an sonnigem Standort, so daß die Augen 3 cm bedeckt sind; Blüte erst im 3. oder 4. Jahr; Standzeit 10–15 Jahre; *P. officinalis* (Essigrosen) ohne Duft; außer den gefülltblühenden Sorten sind auch die anemonenblütigen von großem Zierwert; angenehmer Duft; zum Schnitt nicht ganz knospig schneiden
Gartenmohn *Papaver orientale* *'Sturmfackel'*	Juni feuerrot 50	tiefgründige Böden, sonniger Standort; passen zu *Delphinium, Eremurus, Sâlvia* und *Cytisus x praecox;* auch weiße, rosa und karminrote Sorten unterschiedlicher Höhe
Flammenblume *Phlox paniculata*	Juni – Sept. viele Farben 70–120	hervorragende Beet- und Schnittstaude für schwachsaure, sonnenbeschienene Böden; nach 4–5 Jahren im April teilen; passen zu *Aster dumosus* und *Heliopsis*
Sonnenhut *Rudbeckia* *sullivantii* *'Goldsturm'*	Aug. – Okt. goldgelb 60	für jeden Gartenboden in sonniger Lage, nach 3–4 Jahren im April teilen; hervorragende Beet-, weniger Schnittstaude; paßt zu *Aster dumosus*
Schmucksalbei *Salvia officinalis* *'Tricolor'*	Juli – Aug. lilablau 50	sonniger, warmer Standort mit Winterschutz; außer der Blüte auch sehr schönes Blattwerk; wie Gartensalbei als Würz- und Heilkraut geschätzt
Bergbohnenkraut *Satureja montana*	Juli – Sept. rosa 40	dichte, aromatisch duftende Büsche für sonnigen Standort; lockt Falter und Bienen an; Blätter wie Bohnenkraut verwendbar

Beet- und Schnittstauden (Fortsetzung)

Deutscher Name *Botanischer Name*	Blütezeit Blütenfarbe Wuchshöhe in cm	besondere Hinweise
Skabiose *Scabiosa caucasica* 'Nachtfalter'	Juni – Sept. dunkelviolett bis 80	unverzichtbare Beet- und Schnittstaude für sonnige Plätze in jedem Gartenboden; zu *Achillea, Liatris* und Gräser
Dreimasterblume *Tradescantia* *x andersoniana* 'Zwaanenburg Blue'	Juni – Aug. dunkelblau 50	schöne Schmuckstaude für Sonne bis Halbschatten; paßt zu *Hemerocallis, Trollius* und *Iris sibirica*
Palmlilie *Yucca filamentosa* 'Elegantissima'	Juli – Aug. weiß/rosa 140	sehr dekorative Einzelstaude für volle Sonne in kalkhaltigen, gut durchlässigen Böden; in rauhen Lagen Winterschutz erforderlich; zu Gräsern, Freilandkakteen und Bodendeckern

Gräser

Karl Foerster, der große Gärtner, sagte einmal: „Ein Garten ohne Gräser ist ein Irrtum."

Er meinte damit, daß die grazilen Schmuckgräser ein ruhendes Element und damit ein unverzichtbarer Bestandteil des Gartens sind. Man verwendet die Ziergräser gerne in Gruppenpflanzungen, in denen Prachtstauden oder schöne Schmuckgehölze besonders hervorgehoben werden sollen. Sie passen zu Rhododendren, Azaleen, Rosen, Nadelgehölzen, Lilien, Rittersporn, Taglilien, Riesenmohn und Palmlilien.

In der Tat vertragen sie sich mit allen Pflanzen und wirken durch ihre zurückhaltende Eleganz auch in der Einzelstellung.

Die meisten Arten erreichen erst nach einigen Jahren ihre volle Größe und Schönheit. Einige kommen in unserem Klimagebiet nicht zur Blüte; sie wirken dann oft durch ihren Blattschmuck. Blüten- und Fruchtstände der Gräser sind gut zu trocknen und in Trockensträußen sehr wirkungsvoll.

Gräser für die Einzelstellung

Deutscher Name *Botanischer Name*	Blütezeit Wuchshöhe in cm	besondere Hinweise
Pfahlrohr *Arundo donax*	– über 300	sehr dekoratives Riesengras für feuchten Standort; Winterschutz ratsam; Stengel erst im Frühjahr abschneiden
Blaustrahlhafer *Avena sempervirens* *(Helictotrichon* *sempervirens)*	Juni – Juli 60–150	je ärmer der Boden, desto blauer die Blätter, verträgt lange Trockenheit
Pampasgras *Cortaderia selloana*	Sept. – Okt. über 200	besonders schön sind die Blütenwedel weiblicher Pflanzen (zweihäusig); im Winter trocken mit gutem Winterschutz, im Sommer viel Wasser
Chinaschilf *Miscanthus sinensis* *'Gracillimus'*	selten bis 180	dichter Busch; schmale, elegante Blätter mit auffallender Mittelrippe; Blüten bleiben manchmal aus
Rutenhirse *Panicum virgatum*	Juli – Sept. 100–180	graziöses Gras mit braunen Ährenrispen für trockenere Standorte in Sonne bis Halbschatten

Gräser für die Gruppenpflanzung

Deutscher Name *Botanischer Name*	Blütezeit Wuchshöhe in cm	besondere Hinweise
Moskitogras *Bouteloua* *oligostachya* *(B. gracilis)*	Juli – Sept. 30	sonniger Stand auf durchlässigem Boden; interessanter Fruchtstand; sehr hübsch für Gestecke und Sträuße

Gräser für die Gruppenpflanzung (Fortsetzung)

Deutscher Name *Botanischer Name*	Blütezeit Wuchshöhe in cm	besondere Hinweise
Japansegge *Carex morrowii* '*Variegata*'	April – Mai 30–40	in feuchtem Boden und leichtem Schatten; guter Bodendecker; immergrün mit gelbem Rand
Blauschwingel *Festuca cinerea*	Juni – Juli 15–25	je ärmer der Boden und je sonniger der Standort, um so intensiver das Blau; zu Rosen passend
Schneemarbel *Luzula nivea*	Juni – Aug. 40–50	immergrünes, humose und lichte Schattenlagen bevorzugendes Gras; sehr hübsche, weiße Blütenstände
Lampenputzergras *Pennisetum alopecuroides*	Aug. – Sept. 60–80	trockener (besonders Winter) und sonniger Standort; Rückschnitt im Frühjahr; auch für Einzelstellung
Reiherfedergras *Stipa barbata*	Juni – Juli 50–80	für trockenen, kalkreichen und sonnigen Standort; eines der schönsten Gräser mit langen, bogigen Grannen

Bambusgräser

Deutscher Name *Botanischer Name*	Blütezeit Wuchshöhe in cm	besondere Hinweise
Palmbambus *Sasa palmata*	– 200	sonniger bis halbschattiger Standort; langsamer Wachser mit schopfartigen Blättern
Grasbambus *Sinarundinaria nitida*	– 300	für sonnige und schattige Lagen; dünne, aufrecht wachsende, sich verzweigende Halme in dichten Horsten

Wenn auch Bambusgräser gut am Wasser wirken, so wollen sie doch trocken und etwas geschützt stehen. Auf nassen Stellen sterben sie meist ab.

Farne im Garten

In jedem Garten gibt es Schattenpartien – unter Bäumen, an Hecken und Mauern –, auf denen kaum etwas wachsen will. Das ist der richtige Platz für größere und kleine Farne. Als Begleitpflanzen zu Farnen passen: Akelei, Bergenien, Fingerhut, Christrose, Primeln und vielleicht auch einige Stämme mit Kulturpilzen.

Ihnen allen ist gemeinsam, daß sie einen humosen Boden sowie eine ständig hohe Luft- und Bodenfeuchte für ihr Wohlbefinden benötigen.

Farne

Deutscher Name *Botanischer Name*	Ansprüche Wuchshöhe in cm	besondere Hinweise
Haarfarn *Adiantum pedatum*	feucht 50–60	für den schattigen Bereich; sehr wertvoll; dekorative Wedel auch für Binderei
Mauerraute *Asplenium ruta-muraria*	keine 3–5	immergrün; für trockene, kleinste Mauerritzen und Felsspalten; absonnig; besonders schön an Natursteinen
Rippenfarn *Blechnum spicant*	kein Kalk 30–40	immergrün; für kleine und größere Flächen im Halbschatten; sehr hübsch
Schriftfarn *Ceterach officinarum*	kalkverträglich 5–20	für sonnige, sehr trockene Felsspalten und Mauerfugen; sehr hübscher Kleinfarn für Stein- und Troggärten
Blasenfarn *Cystopteris fragilis*	keine 10–30	absonnig; anspruchslosester aller Farne; in Mauerritzen oder Waldboden
Wurmfarn *Dryopteris filix-mas*	keine 80–100	für alle Böden; bei ausreichender Feuchtigkeit auch sonnenverträglich; bekannter Trichterfarn mit einigen schön gefiederten Sorten

Farne (Fortsetzung)

Deutscher Name *Botanischer Name*	Ansprüche Wuchshöhe in cm	besondere Hinweise
Hirschzunge *Phyllitis* *scolopendrium* *'Undulata'*	kalkverträglich 25–35	wintergrün; lederartige, ungefiederte Blätter mit welligem Rand
Filigranfarn *Polystichum* *setiferum* *'Proliferum'*	kein Kalk 40–60	wintergrün, mit dekorativen, fein ge-fiederten Wedeln; humos und feucht; einer der schönsten Freilandfarne

Zwiebel- und Knollengewächse

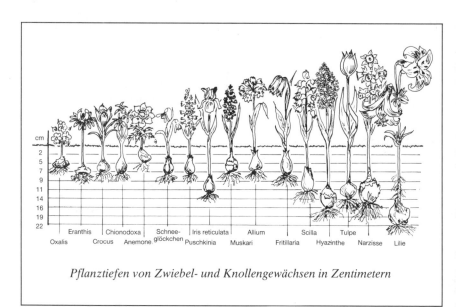

Pflanztiefen von Zwiebel- und Knollengewächsen in Zentimetern

Winterharte Zwiebel- und Knollengewächse

Deutscher Name *Botanischer Name*	Blütezeit Blütenfarbe Wuchshöhe in cm	Pflanzzeit Pflanztiefe in cm	besondere Hinweise
Sternkugellauch *Allium* *christophii*	Juni–Juli hellviolett 40–50	Aug.–Sept. 5–10	verträgt Trockenheit; Blüten und Samenstände für Binderei; bis 20 cm Durchmesser; Gruppenpflanzung
Riesenlauch *Allium giganteum*	Aug.–Okt. purpurrosa 160	Aug.–Okt. 10	sonnig; in jedem Boden; in kalten Lagen Winterschutz
Goldlauch *Allium moly*	Juni goldgelb 20–25	Juli–Okt. 5–10	Pflanzung sowohl in feuchten als auch trockenen Böden; für sonnigen bis schattigen Standort; Gruppenpflanzung
Inkalilie *Alstromeria* *aurantiaca*	Juli–Aug. gelb-rot 50	Frühjahr 20	für warme Böden, auch im Halbschatten; schöne Schnittblume; viele Sorten
Frühlings- anemone *Anemone blanda*	März–April weiß-blau 10–15	Juni–Sept. 5–8	für humose Böden im Halbschatten; sehr hübsch; Gruppenpflanzung; reiches Farbenspiel
Prärielilie *Camassia* *quamash*	April–Mai blau-weiß 50–80	Aug.–Sept. 15	sonnig, im Sommer trocken; schöne Schnittblume; Zwiebel eßbar
Frühlingskrokus *Crocus* *chrysanthus*	Febr.–April viele Farben	Aug.–Okt. 5–10	für Rasen nur frühblühende (botanische) Arten; auch als Topfkultur im Zimmer; Herbstkrokus vor Gehölzen pflanzen; Bienenweide;
Herbstkrokus *Crocus speciosus*	Aug.–Okt. stahlblau	Aug.–Okt. 5–10	Gruppenpflanzung

Winterharte Zwiebel- und Knollengewächse (Fortsetzung)

Deutscher Name Botanischer Name	Blütezeit Blütenfarbe Wuchshöhe in cm	Pflanzzeit Pflanztiefe in cm	besondere Hinweise
Alpenveilchen *Cyclamen purpurascens* *Cyclamen hederifolium* *(C. neapolitanum)*	Aug. – Sept. weiß-rot 10–15	Frühjahr 10	nur humusreicher Standort im Halbschatten; Winterschutz mit Laub, besser mit Kiefernnadeln; Gruppenpflanzung
Winterling *Eranthis hyemalis*	Febr.–März gelb 8–12	Juni – Sept. 7–10	humoser Boden unter Bäumen; oft im Schnee blühend; meist Selbstaussaat
Kaiserkrone *Fritillaria imperialis*	April rot-gelb 70–100	Juli – Sept. bis 30	tiefgründiger Boden in Sonne bis Halbschatten; im Sommer trockenhalten; in Sandbett pflanzen
Schneeglöckchen *Galanthus elwesii*	Febr.–März weiß 20	Juni – Sept. 10	jeder Boden in Sonne und Halbschatten; sehr schön in Wassernähe; bildet Horste; Gruppenpflanzung
Sommer- hyazinthe *Galtonia candicans*	Juli – Aug. reinweiß 100–120	Sept. – Okt. 15–20	sonnig; in frischem Boden; Einzelstellung; Laubdecke als Winterschutz
Vorfrühlingsiris *Iris reticulata*	März viele Farben 15	Juni – Sept. 10	sandig-humose Böden in sonniger bis halbschattiger Lage; wunderschöne Kleiniris; in Gruppen pflanzen
Märzbecher *Leucojum vernum*	März–April weiß 20	Juni – Sept. 10	humose, auch sumpfige Böden im Halbschatten; auch für Blumenschnitt; in Gruppen pflahzen

Winterharte Zwiebel- und Knollengewächse (Fortsetzung)

Deutscher Name *Botanischer Name*	Blütezeit Blütenfarbe Wuchshöhe in cm	Pflanzzeit Pflanztiefe in cm	besondere Hinweise
Trauben- hyazinthe *Muscari armeniacum*	April – Mai blau-weiß 10–20	Aug. – Sept. 5–10	anspruchslos, auch unter Bäumen; am besten gefüllte Sorten verwenden, andere verwildern; in Gruppen pflanzen
Milchstern *Ornithogalum umbellatum*	April – Juni weiß 15–20	Aug. – Okt. 10	jeder Boden in Sonne und Schatten; Schnittblume; sternförmige Blütenstände
Puschkinie *Puschkinia scilloides var. libanotica*	April – Mai blau-weiß 15–20	Aug. – Okt. 10	vollkommen anspruchslos an Standort und Boden; verwildert mitunter; Gruppenpflanzung
Dreifarbenblume *Sparaxis tricolor*	Juni – Juli 20	Sept. – Okt. 8–10	jeder nicht zu nasse Boden in Sonne bis Halbschatten; haltbare Schnittblume; Gruppenpflanzung

Wenn Kaiserkronen streiken

Sehr häufig erleben Freizeitgärtner, daß die Kaiserkronen trotz vermeintlich bester Pflege nicht blühen wollen. Hier einige mögliche Gründe:

– Kaiserkronen wollen keinen Torf und keinen Kompost im Boden. Sie brauchen mittelschweren, lehmigen Gartenboden, wobei die Zwiebel bei der Pflanzung ordentlich mit Sand umfüttert wird.
– Die Pflanztiefe stimmt nicht; bei flacher Pflanzung versagt die Blüte. Es müssen 20 cm eingehalten werden, bei sehr großen Pflanzzwiebeln können auch 30 cm Pflanztiefe nötig sein.
– Die Zwiebeln sind von Wühlmäusen verzehrt worden. Obwohl immer wieder gesagt wird, daß die Kaiserkronen aufgrund ihres starken Geruchs die Wühlmäuse vertreiben, so sind doch häufig Fraßschäden zu beobachten.

Lilien im Garten

Die Lilien zählen zur interessantesten und schönsten Gattung unter den Blütengewächsen. Es gibt etwa 100 Arten in den gemäßigten Zonen der Erde. Entsprechend unterschiedlich sind die Ansprüche an Boden, Standort und Klima. Die meisten lieben einen schwach sauren, durchlässigen Gartenboden. Kalk sagt vielen Arten nicht zu; sie werden dann gelbblättrig und gehen schließlich ein. Eine pH-Messung vor der Pflanzung ist deshalb sehr wichtig. Kalkhaltige Böden werden von den folgenden Arten mehr oder weniger gut vertragen:
Madonnenlilien, Türkenbund und Königslilie.

Bei der Pflanzung in schwere Böden muß das Pflanzloch spatentief und -breit ausgehoben werden. Für eine gute Drainage wird zuunterst grober Kies, dann Sand eingefüllt. Die Zwiebeln werden in die richtige Tiefe gelegt und mit Sand umfüttert. Gegen Mäusefraß ist ein engmaschiger Drahtkorb hilfreich.

Lilien stehen am besten für sich alleine oder mit Gräsern zusammen, die ihre Schönheit betonen. Geeignet sind auch lockere Bodendecker, aus denen sie herauswachsen können.

Für den Standort gilt: Schattig der Fuß, sonnig der Kopf.

Lilien

Deutscher Name *Botanischer Name*	Blütezeit Blütenfarbe Wuchshöhe in cm	Standort Pflanztiefe in cm	besondere Hinweise
Goldbandlilie *Lilium auratum*	Aug. – Sept. weiß 120	○–◖ 25	breite, rotpunktierte, stark duftende Blüten; nur Frühjahrspflanzung; Winterschutz
Madonnenlilie *Lilium candidum*	Juni – Juli reinweiß 80–150	○ 10–12	5–20 trichterförmige Blüten an einem Stiel; Zwiebel höchstens mit 5 cm Erde bedecken
Goldtürkenbund *Lilium hansonii*	Juni – Juli goldgelb 100–150	◖–● 20	Blütenstand mit 4–10 wachsartigen Blüten, winterhart

○ = Sonne   ◖ = Halbschatten   ● = Schatten

Lilien (Fortsetzung)

Deutscher Name *Botanischer Name*	Blütezeit Blütenfarbe Wuchshöhe in cm	Standort Pflanztiefe in cm	besondere Hinweise
Türkenbundlilie *Lilium martagon*	Juni – Juli verschie- denfarbige Sorten 80	○–● 12–15	Blütenstand mit 5–10 gefleckten Blüten; zu kleinen Farnen und Primeln pflanzen
Königslilie *Lilium regale*	Juli – Aug. rosa 120–160	○–◑ 20	Blütenstand mit 3–20, im Schlund gelbe Blüten; eine der schönsten Lilien
Prachtlilie *Lilium speciosum* *'Rubrum'*	Aug. – Sept. karminrosa 100	◑ 15–20	Blütenstand mit 5–7 rosarot gefleckten Blüten; Winterschutz ist ratsam
Tigerlilie *Lilium tigrinum* *(Lilium* *lancifolium)*	Juli – Aug. orangerot 60–150	○–◑ 15	traubiger Blütenstand mit 4–15 gefleckten Blüten mit zurückgekrümmten Spitzen

Hybridlilien (Midcentury-Hybriden)

Sorte	Blütezeit Blütenfarbe Wuchshöhe in cm	Standort Pflanztiefe in cm	besondere Hinweise
'Black Dragon'	Juli – Aug. braun 150	◑ 15	bis 10 Trompetenblüten an einem Stiel; dunkelbraun, innen weiß

○ = Sonne   ◑ = Halbschatten   ● = Schatten

103

Hybridlilien (Midcentury-Hybriden) (Fortsetzung)

Sorte	Blütezeit Blütenfarbe Wuchshöhe in cm	Standort Pflanztiefe in cm	besondere Hinweise
'Citronella'	Juli reingelb 120	◑ 15	bis zu 30 braungepunktete Türkenbundblüten am Stiel
'Destiny'	Juni – Juli hellgelb 70	◑ 15	dichte Traube mit braungepunkteten Schalenblüten
'Enchantment'	Juni – Juli rot 60	○ 15	dichte Traube mit aufrechten Schalenblüten; kapuzinerrot
'Pink Perfektion'	Juli – Aug. dunkelrosa 150	○–◑ 15	mehrere große, weit geöffnete Trompetenblüten

○ = Sonne   ◑ = Halbschatten   ● = Schatten

Narzissen im Garten

Die Verwendungsmöglichkeiten der Narzissen sind ebenso vielseitig wie ihre Erscheinungsformen. Die zwergigen, sogenannten Wildnarzissen wirken sehr schön mit Kleinstauden und Kleingehölzen in Schalen oder im Troggärtchen.
Entsprechend ihrer Herkunft wollen die höheren Arten gerne während der Blüte etwas feuchter und in lichtem Halbschatten stehen. Pflanztiefe für die hohen Sorten ist 20 cm, für die niedrigen 10 cm.
Die Zwiebeln werden von Mäusen verschont.
Als Schnittblumen sollen Narzissen wegen ihres Schleims nicht sofort mit Tulpen zusammen in der Vase stehen. Sie werden zunächst (über Nacht) allein ins Wasser gestellt.

Narzissen

Deutscher Name *Botanischer Name* *Sorte*	Blütezeit Blütenfarbe Wuchshöhe in cm	besondere Hinweise
Trompetennarzisse – *'King Alfred'*	April goldgelb 30–40	einfarbige, klassische Osterglocke mit großer Trompete; duftend; Pflanztiefe 20 cm; auch Halbschatten
Großschalige Narzisse – *'Carlton'*	April – Mai schwefelgelb 30	Krone weiß/gelb; duftend; Sorte *'La Riante'* ist schneeweiß mit orangefarbener Krone
Straußnarzisse – *'Scarlet Gem'*	April – Mai goldgelb 25–35	mehrblütig mit orangeroter Krone; für Sonne bis Halbschatten; warme Lage; stark duftend
Reifrocknarzisse *Narcissus bulbocodium* –	April goldgelb 15	reizende Wildnarzisse mit grasartigen Blättern; Winterschutz ratsam; für Töpfe, Schalen und Troggärtchen
– *Narcissus cyclamineus* *'February Gold'*	März orangegelb 25–30	sehr schöne, zierliche Art; blüht 4 Wochen lang; kalkarmer Boden, auch im Schatten
– *Narcissus cyclamineus* *'Tete à Téte'*	März zitronengelb 15–20	sehr reichblühend; je zwei Blüten an einem Stiel mit orangeroter, kleiner Krone

Tulpen im Garten

Gartentulpen sind ausgesprochen anpassungsfähig. Saure Böden und stehende Nässe jedoch können sie überhaupt nicht vertragen. Alle stammen aus Steppengebieten, deren Böden oft kalkreich sind. Sie wollen nach der Blüte, wie die meisten Zwiebelgewächse, trocken gehalten werden. Je früher die Pflanzung, desto besser die Bewurzelung noch vor dem Winter. Günstig ist es, die Zwiebeln an einem trüben, regnerischen Tag zu pflanzen, wodurch die Blüte noch schöner wird. Eine Pflanztiefe von 7 bis 8 cm reicht zwar aus, eine Tiefe zwischen 10 und 15 cm ist aber vorteilhafter. Mäuse nehmen die Zwiebeln sehr gerne.

Die Tulpensorten, soweit es sich um die großblütigen Gartenhybriden handelt, sind kaum noch zu überschauen, weshalb sich die Empfehlungen auf Arten der sogenannten *Botanischen Tulpen* mit teilweise sehr hohem Zierwert beschränken. Sie verbleiben mehrere Jahre am selben Standort. Die Blüten halten in der Vase länger, wenn man Haarspray in die Mitte einsprüht.

Botanische Tulpen

Botanischer Name *Sorte*	Blütezeit Blütenfarbe Wuchshöhe in cm	besondere Hinweise
Tulipa batalinii –	Mai blaßgelb 15	in der Blütenmitte tiefgelb; eine der besten für Gruppenpflanzung, Steingärten, Schalen und Troggärten
Tulipa fosteriana 'Red Emperor'	April scharlach bis 40	in der Blütenmitte schwarzer, gelbgesäumter Fleck; eine der größten Tulpen überhaupt
Tulipa kaufmanniana 'The First'	März–April karminrot 20	Blüte mit weißem Rand; *Kaufmanniana*-Sorten wirken als Gruppenpflanzung besonders gut
Tulipa praestans 'Füsilier'	April orangerot 25	3–5 feurige Blüten mit großer Leuchtkraft an einem Stiel; wirken gut mit Zwergkoniferen

links oben: Hybridlilie 'Citronella' (siehe S. 104)
rechts oben: Hybridlilie 'Pink Perfection' (siehe S. 104)
links unten: Blumenrohr, Canna indica (siehe S. 109)
rechts unten: Marienfrauenschuh, Cypripedium calceolus (siehe S. 112)

links oben: Seerose, Nymphea odorata 'Sulphurea' (siehe S. 115)
rechts oben: Muschelblume, Pistia stratiotes (siehe S. 117)
links unten: Sumpfiris, Iris kaempferi (siehe S. 114)
rechts unten: Rohrkolben, Typha (siehe S. 114)

Nicht winterharte Zwiebel- und Knollengewächse

Solche Pflanzen würden unsere Winter im Freiland nicht überdauern. Wir nehmen sie also nach dem Vergilben der Blätter, spätestens aber nach dem ersten Frost, aus dem Boden und überwintern sie im Keller trocken, luftig und frostfrei. Damit keine Krankheiten auftreten, ist eine vorbeugende Behandlung mit einem pilztötenden Mittel anzuraten.
Siehe auch im Arbeitskalender bei Januar, März, April.

Nicht ausdauernde Zwiebel- und Knollengewächse

Deutscher Name *Botanischer Name*	Blütezeit Blütenfarbe Wuchshöhe in cm	Pflanzzeit Pflanztiefe in cm	besondere Hinweise
Sterngladiole *Acidanthera* *bicolor* *var. murielae*	Juli–Aug. weiß/rot 50–70	Ende April 10	stark duftend, für den Schnitt; bei 15°C in trockenem Torf überwintern; Gruppenpflanzung
Knollenbegonie *Knollenbegonien-* *Hybriden* *verschiedene* *Sorten*	Juni–Okt. viele Farben 20–30	Mai 5	Humusboden im Halbschatten bis Schatten; auch für Balkonkästen geeignet; bei etwa 10 bis 15°C überwintern
Blumenrohr *Canna indica* *verschiedene* *Sorten*	Juli–Okt. viele Farben 50–120	Ende April 10	sonnig, in nahrhaftem Boden; nach dem ersten Frost mit der Erde herausnehmen und bei 12°C trocken überwintern
Dahlie *Dahlia-Hybriden* *verschiedene* *Sorten*	bis Frost 25–150	Ende April 10 cm	auch Aussaat möglich; sehr hübsche Zwergformen, nach dem ersten Frost herausnehmen, trocknen lassen, zur Überwinterung bei 4–10°C, mit trockenem Sand bedecken
Freilandfreesie *Freesia-Hybriden* *verschiedene* *Sorten*	Juli–Sept. viele Farben 40–70	April 5 cm	Sonne bis Halbschatten; wohlduftende Schnittblume; trocken bei 15–20°C überwintern; Gruppenpflanzung

Nicht ausdauernde Zwiebel- und Knollengewächse (Fortsetzung)

Deutscher Name *Botanischer Name*	Blütezeit Blütenfarbe Wuchshöhe in cm	Pflanzzeit Pflanztiefe in cm	besondere Hinweise
Gladiole *Gladiolus-Hybriden* *viele Sorten*	Juli – Okt. viele Farben 80–100	Ende April 10	niedrige Sorten standfest; Wildgladiole fast winterhart; bei 5–7°C luftig überwintern; jährlich den Standort wechseln
Ruhmeskrone *Gloriosa* *rothschildiana*	Ende Juni rot/gelb 120	nach 20. Mai 10	humoser Boden in lichtem Schatten; Kletterhilfe nötig; bei 20°C in trockenem Sand oder Torf überwintern; waagrecht pflanzen
Holländische Iris *Iris-Hollandica-Hybriden* *viele Sorten*	Juli viele Farben 60–80	April 10–15	Zwiebeliris von großer Schönheit; Schnittblume; wie Gladiolen behandeln; Gruppenpflanzung
Klebschwertel *Ixia-Hybriden*	Mai – Juni viele Farben 40	April 10	mit gutem Winterschutz auch ausdauernd; sonst wie Freesien behandeln; sehr schöne Schnittblume
Schönhäutchen *Hymenocallis* *narcissiflora* *(H. calathina)*	Juli – Aug. weiß 40	Mai 8	duftende, orchideenartige Blüten; auch Topfkultur wie *Amaryllis* möglich; überwintern bei 15°C in trockenem Sand
Milchstern *Ornithogalum* *thyrsoides*	Juli – Sept. weiß 30–40	Mai 2–3	Schnittblume; sehr lange haltbar; Zwiebel erschöpft sich durch die Blüte; Gruppenpflanzung
Glücksklee *Oxalis deppei*	Juni – Aug. dunkelrosa 15–20	Mai 2–3	liebt humose, halbschattige Lagen; auch im Topf und Balkonkästen kultivierbar; im September herausnehmen; bei 3–5°C überwintern; Gruppenpflanzung

Nicht ausdauernde Zwiebel- und Knollengewächse (Fortsetzung)

Deutscher Name *Botanischer Name*	Blütezeit Blütenfarbe Wuchshöhe in cm	Pflanzzeit Pflanztiefe in cm	besondere Hinweise
Ranunkel *Ranunculus* *asiaticus* *viele Sorten*	Juli – Aug. viele Farben 20–40	April 5–8	sonniger Standort, humoser Boden; bei 6–8°C trocken überwintern; Schnittblume
Jakobslilie *Sprekelia* *formosissima*	Juli karminrot 30	Mai Spitze erdgleich	weniger für Freilandbeete als für Schalen und Tröge geeignet; wie *Hymenocallis* behandeln; wunderschöne Blüte
Pfauenlilie *Tigridia pavonia*	Juli – Sept. viele Farben 40–60	Ende April 7–10	sandig-humoser Boden; sonnig; bunte Blüten; wie Gladiolen behandeln; Gruppenpflanzung
Montbretie *Crocosmia aurea* *(Tritonia aurea)*	Juli – Sept. gelb/rot 50	April 8	mit guter Laubdecke bisweilen winterhart; sonst wie Gladiolen behandeln
Zephirblume *Zephyranthes* *rosea*	Aug. – Sept. rosa 25	Mai 5–8	Blüten krokusähnlich; auch schöne Topfpflanze; sonniger, warmer Boden; für Gruppenpflanzung geeignet

Freilandorchideen

Die Freiland- oder Erdorchideen der gemäßigten Zone lassen sich durchaus in unseren Gärten anpflanzen, wenn wir ihren Ansprüchen Rechnung tragen. Eine Vergesellschaftung mit andersartigen Pflanzen ist zu vermeiden. Man reserviert für sie bevorzugte Plätze, wo man sie täglich sieht. In Schalen und Troggärtchen sind sie dem Auge näher und wirken deshalb besonders gut. Tropische Pracht ist allerdings nicht zu erwarten; dennoch gibt es unter ihnen außerordentlich hübsche Formen und Farben. Sie überwintern als unterirdische Bulben. Viele sind winterhart, doch gibt man einen Winterschutz aus Kiefernnadeln.

Freilandorchideen

Deutscher Name *Botanischer Name*	Blütezeit Wuchshöhe in cm	besondere Hinweise
Japanorchidee *Bletilla striata*	Juni – Aug. 20 – 30	für den Garten gut geeignet; schöne, leuchtendrosa Blüten; warm und sonnig bis Halbschatten; kalkliebend
Kanadischer Frauenschuh *Cypripedium acaule*	Mai – Juni 15 – 20	große, rosa Blütenlippe mit dunklen Adern; für kalkfreien Humusboden im Halbschatten; in Ontario massenhaft in Kiefernmischwäldern; winterhart
Marienfrauenschuh *Cypripedium calceolus*	Mai – Juni 25 – 40	Blüte rotbraun mit hellgelber, rot punktierter Lippe; kalk- und wärmeliebend; weitgehend winterhart
Sibirischer Frauenschuh *Cypripedium macranthon*	Mai – Juni 30 – 40	größere, hellpurpurne Blüten mit dunkelroter Lippe, innen heller; kalkliebend; winterhart
Geflecktes Knabenkraut *Orchis maculata* *(Dactylorhiza* *maculata)*	Juni 30 – 40	dichte, rotbraun gefleckte Blätter; hell-lila Blütenähre; wachsen auf kalkhaltigen Naturwiesen
Tibetorchidee *Pleione limprichtii*	April – Mai 15	lilarosa Blüte mit bräunlich gefleckter Lippe; im Winter trocken halten, sonst viel Feuchtigkeit; winterhart

Sumpf- und Wasserpflanzen

Feuchtzone mit vorübergehender Nässe

Deutscher Name *Botanischer Name*	Blütezeit	Blütenfarbe	Wuchshöhe in cm
Eisenhut *Acionitum* *napellus*	Sept. – Okt.	blau	100–120
Haarfarn *Adiantum* *pedatum*	siehe Farne		40–50
Prachtspiere *Astilbe-Hybriden*	siehe halbhohe und hohe Beetstauden		
Spierstaude *Filipendula* *hexapetala*	Juli – Aug.	weißgefüllt	30
Herkulesstaude *Hercaleum* *mantegazzianum*	Juli – Aug.	weiße Dolde	250
Sibirische Iris *Iris sibirica*	siehe halbhohe und hohe Beetstauden		
Primel *Primula* *beesiana* *Primula* *bulleyana*	Juli Juni – Juli	purpurrosa orangerot	30–40 30–50

Sumpfzone mit niedrigem Wasserstand

Deutscher Name *Botanischer Name*	Blütezeit	Blütenfarbe	Wuchshöhe in cm
Blumenbinse *Butomus* *umbellatus*	Juni – Aug.	rosa	80–100
Sumpf- dotterblume *Caltha palustris* *'Multiplex'*	Mai – Okt.	goldgelb (gefüllt)	30
Sumpfiris *Iris kaempferi*	Juni – Aug.	verschiedene	80
Zyperngras *Cyperus longus*	unbedeutend	unbedeutend	80–120
Zebrasimse *Scirpus lacustris* *ssp. tabernae* *montani* *'Zebrinus'* *(Scirpus tabernae* *montani* *'Zebrinus')*	Juni – Aug.	hellbraun	120
Sumpfvergiß- meinnicht *Myosotis palustris*	Mai – Sept.	hellblau	bis 40
Zwergrohrkolben *Typha minima*	Mai – Juni	schwarzbraun	bis 50

Seerosen

Neben den nachstehenden Empfehlungen bieten Staudenbetriebe auch andere Sorten an, die beachtenswert sind. Bezugsquellen siehe Anhang.
Die beste Pflanzzeit liegt im Mai. Frühere Pflanzungen können nicht empfohlen werden, da eine bestimmte Wassertemperatur zum Anwachsen erforderlich ist. Die Blütezeit erstreckt sich von Juni bis September.

Seerosen

Botanischer Name Sortenname	Geeigneter Wasserstand in cm	Blütenfarbe	besondere Hinweise (Wüchsigkeit)*
Nymphaea-Hybriden 'Froebeli'	20–40	dunkelkarmin	zinnoberrote Staubfäden (m)
– 'Laydekeri Lilacea'	20–40	lilarosa	innen karmesinrot (m)
– 'Maurice Laydecker'	15–40	purpurrot	Zwergform; kleine Blütchen (k)
Nymphaea odorata 'Sulphurea'	25–40	zartgelb	duftend; für Schnitt (m)
Nymphaea pygmaea 'Alba'	10–20	reinweiß	für geringsten Wasserstand (k)
Nymphaea-Hybriden 'Gloriosa'	40–80	rot	weißlich verwaschen; gefüllt (s)
– 'James Brydon'	40–120	kirschrot	eine der schönsten Sorten (s)
– 'Marliacea Albida'	40–80	schneeweiß	duftende Blüten, die über die Wasserfläche ragen (s)
– 'Masaniello'	50–100	tiefrosa	großblumig; duftend (ss)

* (k) = kleinwüchsig; (m) = mittelstarkwüchsig; (s) = starkwüchsig;
  (ss) = sehr starkwüchsig

Seerosen im Sommer

Weil Seerosen, wie andere Pflanzen auch, größer werden, müssen sie im Laufe der Zeit der Teichgröße angepaßt werden. Ist die Wasseroberfläche ganz mit Blättern bedeckt, kann man sich mit dem Entfernen einzelner Blätter behelfen. Erst im Herbst, nach Abschluß der Vegetationsperiode, wird die Pflanze aus dem Teich genommen und der Wurzelstock geteilt. Hierfür ist es hilfreich, starkwüchsige Pflanzen im Frühjahr in Gefäße zu setzen, um sie im Zaum zu halten.

Eine zusätzliche Nährstoffversorgung von Wasserpflanzen ist im allgemeinen unnötig, oft sogar nicht wünschenswert. Durch abgestorbene Pflanzenteile im Teich wird den Pflanzen Nahrung in ausreichender Menge zugeführt. Durch eine zusätzliche Düngung wird meist nur das Algenwachstum gefördert.

Abgestorbene Pflanzenteile sind immer sofort zu entfernen.

Seerosen sind edle und haltbare Schnittblumen. Am dekorativsten wirken sie mit kurzem Stiel, in einer Keramikvase schwimmend.

Seerosen im Winter

Bei einer Mindesttiefe von 70 cm erfriert keine Seerose mehr. In Teichen, die regelmäßig am Ende der Vegetationsperiode entleert werden, sind Wasserpflanzen in Töpfe oder Körbe zu pflanzen. Im Herbst werden sie herausgenommen und am besten im Keller bei Temperaturen unter 10°C überwintert. Ende April kommen sie dann wieder ins Becken. Vorher ist zu prüfen, ob sie nicht geteilt werden müssen. Wasser, besonders, wenn es sich um Leitungswasser handelt, muß stufenweise eingefüllt werden, da zu kaltes schädlich ist.

Wasserpflanzen für die Seerosenzone (Wasserstand bis 30 cm)

Deutscher Name *Botanischer Name*	Blütezeit	Blütenfarbe	Wuchshöhe in cm
Froschlöffel *Alisma plantago-aquatica*	Juli – Sept.	weißrosa	70
Tannenwedel *Hippuris vulgaris*	ohne Bedeutung	ohne Bedeutung	40
Fieberklee *Menyanthes trifoliata*	April – Juni	zartrosa (Blütentraube)	30

Wasserpflanzen für die Seerosenzone (Wasserstand bis 30 cm) (Fortsetzung)

Deutscher Name *Botanischer Name*	Blütezeit	Blütenfarbe	Wuchshöhe in cm
Hechtkraut *Pontederia* *cordata*	Juli – Aug.	blau (Blütentraube)	60
Pfeilkraut *Sagittaria* *sagittifolia*	Juni – Juli	weiß, mit rotem Fleck	50
Rohrkolben *Typha laxmannii*	Juli – Aug.	rotbraun (Blütenkolben)	150

Schwimmpflanzen

Deutscher Name *Botanischer Name*	Blütezeit Blütenfarbe	besondere Hinweise
Wasserhyazinthe *Eichhornia crassipes*	Juni – Sept. blauviolett	Blütenähre; überwintert bei 15°C in feuchtem Torf
Froschbiß *Hydrocharis* *morsus-ranae*	Juli – Aug. weiß	nierenförmige Blätter
Muschelblume *Pistia stratiotes*	–	einjährig; rosettenartige Blätter; für kleine Becken
Wassernuß *Trapa natans*	Blüte unbedeutend	überwintert als Nuß im Bodenschlamm

Gartenteiche

Standort, Planung, Bepflanzung

Standort
- Der Standort sollte möglichst sonnig und warm sein. Besonders Seerosen und Fische benötigen Sonneneinstrahlung. Auf der Nordseite Windschutz anlegen.
- Der Abstand zu Bäumen und hochwachsenden Sträuchern soll so gewählt werden, daß Laubfall ins Becken vermieden wird. Denn das Laub vermodert, und es bildet sich Methangas, das tier- und pflanzenschädigend ist. Außerdem wird der Sauerstoffgehalt des Wassers verringert, den Tiere und Pflanzen benötigen.
- Bei Naturteichen sollte ein ausreichender Abstand zu Gebäuden und vielbegangenen Wegen eingehalten werden. Wildlebende Tiere sind empfindlich gegenüber Störungen. Da Wasser eine beruhigende Wirkung auf den Betrachter hat, sollten Zierteiche in Haus- oder Terrassennähe errichtet werden.

Größe und Wassertiefe
Die Größe ist abhängig von
- dem vorhandenen Platz
- der gewünschten Bepflanzung
- dem geplanten Fischbesatz

Die Wassertiefe steht in direktem Verhältnis zu Wasseroberfläche. Je größer die Fläche ist, um so tiefer kann der Teich sein. Wenn Seerosen und Fische ganzjährig im Teich verbleiben sollen, ist eine Mindesttiefe von 70 cm erforderlich.
Größere und damit tiefere Teiche sind weniger anfällig gegenüber Umwelteinflüssen.

Material
- Fertigbecken aus Kunststoff sind für Kleinteiche geeignet. Neuerdings sind Fertigteiche aus Segmenten erhältlich, die in Tiefenzonen gegliedert sind.
- Größere Becken werden aus speziellen Teichfolien hergestellt. Sie werden in eine zuvor ausgehobene Grube gelegt und passen sich deren Form an. Dadurch ist eine individuelle Gestaltung möglich.
- Ausrangierte Badewannen sollte man nicht benützen.

Technische Einrichtungen
- Für den Betrieb von Pumpen, Filtern oder Beleuchtungsanlagen ist ein Stromanschluß in die Planung einzubeziehen.
- Für Wasserzufuhr sollte gesorgt werden. Am einfachsten ist der Gartenschlauch. Auch eine feste, frostfrei verlegte Leitung ist möglich.

Vorbereitung für die Bepflanzung
Als Bodengrund ist eine Mischung aus je einem Drittel Lehm, ungedüngtem Torf und Rohboden (Teichaushub) oder zwei Drittel Lehm und einem Drittel ungedüngtem Torf empfehlenswert. Auf keinen Fall sollten Mist oder Komposterde beigemischt

werden. Durch ihren hohen Nährstoffgehalt begünstigen sie die Algenbildung, und das Wasser verjaucht.

Den Boden sollte man nicht mit Sand abdecken. Er verdichtet sich zu stark, so daß sich die Pflanzenwurzeln nicht ausbreiten können. Man verwendet dafür Rollkies.

Vor der Pflanzung
Bevor man mit dem Pflanzen beginnt, sollte man sich über Platzbedarf, Wuchsstärke, Standortansprüche und benötigte Wassertiefe informieren. Der Besuch von botanischen Gärten sowie Stauden- und Wasserpflanzengärtnereien ist hierfür hilfreich. Bei der Planung ist darauf zu achten, daß mindestens die Hälfte der Wasseroberfläche frei von Pflanzen ist. Das erhält auch die ruhige (und beruhigende) Wirkung des Gartenteiches.

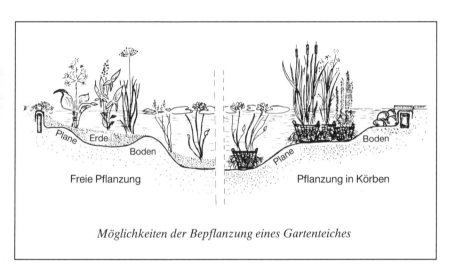

Möglichkeiten der Bepflanzung eines Gartenteiches

Pflanzung
a) Freie Pflanzung in den Bodengrund
Vorteil: Den Pflanzen steht der gesamte Bodengrund zur Durchwurzelung zur Verfügung; die Entwicklung erfolgt rascher. Der Nährstoffvorrat ist nahezu unbegrenzt. Nachteil: Der Platzbedarf ist groß, und die Pflanzen wachsen unkontrolliert. Schwächere Arten können verdrängt werden. Pflege und Reinigung werden erschwert.

b) Pflanzung in Töpfen und Körben
Vorteil: Die richtige Wassertiefe kann – durch Unterlegen von Steinen – dem jeweiligen Wachstumsstand der Pflanze angepaßt werden. Auch in kleinen Teichen können wuchernde und Ausläufer bildende Pflanzen verwendet werden. Das Herausnehmen der Pflanzen zur Reinigung des Wassers oder frostempfindlicher Pflanzen zur Überwinterung ist problemlos.

119

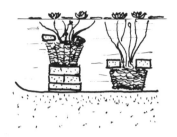

Durch Unterlegen von Steinen kann die Wassertiefe dem Entwicklungsstand der Pflanze angepaßt werden. Wenn man sie mit Steinen beschwert, kann sie nicht aufschwimmen

Nachteil: Körbe können bei klarem Wasser und niedrigem Wasserstand sichtbar sein. Sie müssen mit Kieselsteinen beschwert werden, damit herausragende Pflanzen nicht umkippen.

Als Pflanzgefäße kommen Körbe, Schalen oder gitterartige Behälter in Frage. Großmaschige Behälter werden mit Ballentuch oder Netzen ausgelegt, um das Ausschwemmen der Erde zu verhindern. Zweckmäßig für kleinere Pflanzen sind baumschulübliche Container von etwa 2–3 l. Für größere Seerosen und Rohrkolben haben sich die verrottungsfesten Kartoffelkörbe aus Kunststoff bewährt.

Wasser

Zum Füllen des Teiches ist Leitungswasser zu verwenden. Bei kalkhaltigem Wasser treten vermehrt Algen auf. Um den Kalkgehalt zu vermindern, gibt man Torftabletten (im Fachhandel erhältlich) zu. Auch mit Torf gefüllte Beutel können ins Wasser gehängt werden, um später auftretenden Algenwuchs zu hemmen.

Wasserflöhe und Posthornschnecken helfen mit, übermäßigen Algenwuchs zu verhindern.

Das Auffüllen des Beckens muß schrittweise erfolgen, um die Pflanzen keinen großen Temperaturunterschieden auszusetzen. Da Leitungswasser Chlor enthält, muß man mit dem Einsetzen von Fischen einige Wochen warten.

Ein Wasserwechsel ist bei richtig bepflanzten Becken nicht nötig. Fische halten das Becken von Mückenlarven frei.

Das Wassergärtchen

Ein Wassergärtchen auf der Terrasse oder dem Balkon ist stets ein Schmuckstück. Es wird meistens mehr beachtet als das größere Becken im Garten. Eine besonders sorgfältige Gestaltung und Pflege lohnt sich.

Material

Am natürlichsten wirken behauene Steintröge. Gut verwendbar sind auch Holzgefäße mit Faßdauben; sie faulen aber leicht. Eine Imprägnierung mit chemischen Mitteln scheidet aus; man kann sie jedoch mit einem Propangasbrenner oder einer Lötlampe innen abflämmen, wodurch die Haltbarkeit wesentlich verlängert wird.

Neuerdings gibt es auch asbestfreie Kübel, zum Beispiel aus Fulgurit, in verschiedenen Formen und Tiefen. Mit Dickmilch bestrichen, siedeln sich alsbald Algen an, wodurch sich eine Art erwünschte Patina einstellt.

Freistehende Kunststoffbehälter wirken naturfremd. Die Pflanzen sind in Töpfe oder Container zu setzen, damit sie nicht wuchern können.

Bisweilen nimmt das Wasser nach dem Einlassen eine merkwürdige Färbung an, die durch eine Algenart hervorgerufen wird. Man sagt, das Wasser »blüht«. Diese Erscheinung verschwindet aber nach einigen Tagen wieder von selbst.

Bepflanzungstip für ein Wassergärtchen mit 0,5 m² Wasserfläche und einem Wasserstand bis zu 20 cm:
1 Hechtkraut, *Pontederia cordata*
1 Zebrasimse, *Scirpus lacustris ssp. tabernaemontani 'Zebrinus' (Scirpus tabernaemontani 'Zebrinus')*
1 Zwergseerose, *Nymphaea pygmaea 'Alba'*.

Bei 1 m² Wasserfläche und einer Wassertiefe von 20 cm:
1 Zwergseerose, *Nymphaea-Hybriden 'Maurice Laydecker'*
1 Seesimse, *Scirpus lacustris*
1 Zwergrohrkolben, *Typha minima*
1 Hechtkraut, *Pontederia cordata*.

Alle Pflanzen sollen eingetopft und von Rollkiesel bedeckt im Wasser stehen, damit sie nicht wuchern können.

Pflanzen
für besondere Verwendungszwecke

Das Troggärtchen

Trog- und Wassergärtchen sind keineswegs eine liebenswerte Spielerei. Bieten sie uns doch, besonders aber den Kindern, die Möglichkeit, eine Pflanzenwelt im Kleinen, mit ihrer großen Anpassungsfähigkeit an extreme Standorte, zu erleben. Die Pflanzgefäße sind für beide Lebensbereiche die gleichen. Sie sollen dem Betrachter nahe sein, auf der Terrasse, dem Balkon oder unmittelbar am Gartensitzplatz. Die Pflanzenkostbarkeiten der Hochgebirgsflora kommen erst in einem Troggarten so richtig zur Geltung. Allerdings sollten die richtigen Beziehungen zwischen Gefäß und Pflanze gewahrt bleiben. Eine ausgediente Schubkarre oder Omas großen Kupferkessel bepflanzt man nicht mit Steingartenpflanzen. Ein ausgehöhlter Baumstamm ist der richtige Rahmen für Primeln, kleine Rhododendren, Farne und Gräser. Steingefäße mit einigen Felsbrocken darin verlangen nach einem sonnigen Stand.

Das Pflanzsubstrat:
Zuunterst wird eine Drainage mit grobem Kies, Koksschlacke oder Glasfasermatte gegeben, darauf eine Sandschicht. Die übrige Erde soll lehmhaltig, doch nicht zu nahrhaft sein. Die Pflanzfläche läßt sich mit einigen Felsbrocken aufgliedern.

Bewährte Kleinstauden

Deutscher Name *Botanischer Name*	Blütezeit Blütenfarbe	besondere Hinweise
Igelpolster *Acantholimon glumaceum*	Juni – Aug. rosarot	10 cm hoch; stachelige Polsterpflanze; zierender Fruchtstand; sonniger Standort
Silberdistel *Carlina acaulis*	Juni – Sept. silber	5 cm hoch; in Kalkschotter; bekannte Trockenblume
Hungerblümchen *Draba bruniifolia*	April – Mai goldgelb	5 cm hoch; dichtes Polster bildend; sehr reichblühend und dankbar
Silberwurz *Dryas x suender- mannii*	Mai – Juni elfenbein	15 cm hoch; immergrün; teppichartiger Wuchs mit hübschen Schalenblüten und zierenden Fruchtständen

Bewährte Kleinstauden (Fortsetzung)

Deutscher Name *Botanischer Name*	Blütezeit Blütenfarbe	besondere Hinweise
Büschelglocke *Edraianthus pumilio*	Juni – Juli blauviolett	5 cm hoch; in lockeren Polstern wachsend; wertvolle Art
Edelweiß *Leontopodium alpinum 'Mignon'*	Juni – Sept. weißfilzig	10 cm hoch; polsterartig; weiße Blütenfarbe nur in kalkhaltigem, armem Boden; hübsche Trockenblume
Freilandkakteen *Opuntia verschiedene Arten*	– fast alle gelb	winterharte Kakteen nur für sonnigen Standort; Boden lehmhaltig, aber durchlässig; am besten Kalkschotter
Opuntia rhodantha	karminrot	besonders empfehlenswerte Art
Felsenteller *Ramonda myconi*	Mai – Juni dunkelviolett	10 cm hoch; mit schmückenden Blattrosetten; für Kalkschotter; eine der edelsten Steingartenpflanzen
Rosettensteinbrech *Saxifraga paniculata (Saxifraga aizoon)*	Mai – Juni weiß	hübsche Blütenrispen; immergrüne, dichte Rosettenpolster in kalkhaltigen Böden
Großer Rosettensteinbrech *Saxifraga cotyledon*	Mai – Juni weiß	Blütenrispe 50 cm hoch; dekorative, immergrüne Blattrosetten
Polstersteinbrech *Saxifraga*	März – April hellgelb	Blüte 10 cm hoch; dichte, feste Polster mit kleinen, immergrünen Rosettchen; für Kalkschotter
Japanische Fetthenne *Sedum cauticolum*	Aug. – Sept. rosarot	10–12 cm hoch; Blätter dickfleischig, blaugrau bereift; sehr zierend
Dachwurz *Sempervivum verschiedene Arten und Sorten*	Juni – Juli verschieden	immergrüne, jede Trockenheit ertragende Fettpflanzen; ohne Erde auf Mauern und Dächern; unterschiedlich farbige, interessante Rosetten

Weitere geeignete Pflanzen siehe auch bei Nadelgehölzen und Blumenzwiebeln.

Aromastauden

So schön blühende Polsterpflanzen auch sein mögen, sie werden noch von den Aromastauden übertroffen. Diese bieten uns neben der hübschen Blüte auch noch ihren Duft sowie ihre Würz- und Heilkraft.

Bohnenkraut, *Satureja montana*
Echter Lavendel, *Lavandula angustifolia*
Oregano, *Origanum vulgare*
Pfefferminze, *Mentha x pipertia 'Mitcham'*
Salbei, *Salvia officinalis*
　　　Salvia officinalis 'Tricolor'
Thymian, *Thymus vulgaris*
Zitronenthymian, *Thymus x citriodorus*
Weinraute, *Ruta graveolens*
Tripmadam, *Sedum rupestre (Sedum reflexum)*
Ysop, *Hyssopus officinalis*
Zitronenmelisse, *Melissa officinalis*

Stauden, die aus Mauern wachsen

Zum Abfangen einer Hangneigung baut man gerne eine Trockenmauer. Während des Baues wird bepflanzt.

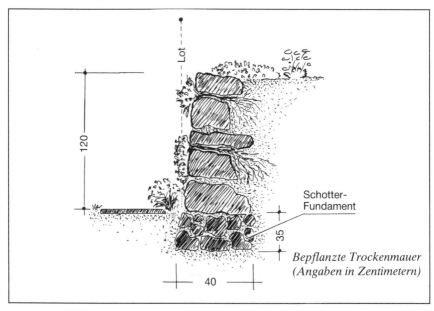

Schotter-Fundament

Bepflanzte Trockenmauer
(Angaben in Zentimetern)

124

Stauden für sonnigen Stand

Deutscher Name *Botanischer Name*	Blütezeit Blütenfarbe Wuchshöhe in cm	besondere Hinweise
Steinkraut *Alyssum saxatile*	Mai – Juni gelb 30	anspruchsvoller Frühlingsblüher; paßt zu allen Stauden
Gänsekresse *Arabis caucasica*	April – Mai weiß 20	anspruchslos; reichblühend; sehr hübsch
Blaukissen *Aubrieta sp.* *verschiedene Sorten*	April – Juni rot/blau 10	bekannte, unermüdlich blühende Polsterstaude
Karpaten- glockenblume *Campanula* *carpatica*	Juni – Aug. weiß/blau 30	viele, sehr hübsche Farbsorten; für jeden Gartenboden
Federnelke *Dianthus plumarius*	Mai – Juni weiß/rot 20–30	viele, duftende Farbsorten; auch für den Schnitt
Storchschnabel *Geranium*	Juni – Aug. lilarosa bis 50	unermüdlicher Dauerblüher für jeden Boden; auch im Halbschatten
Schleierkraut *Gypsophila repens* 'Rosenschleier'	Juni – Aug. rosa 30	bildet sehr schöne Blütenmatte; für kalkhaltige Böden
Ehrenpreis *Veronica prostrata*	Mai – Juli leuchtend blau 10	wunderschöne Blütenmatte bildend; für alle Gartenböden

Stauden für den Schatten

Deutscher Name *Botanischer Name*	Blütezeit Blütenfarbe Wuchshöhe in cm	besondere Hinweise
Lerchensporn *Corydalis lutea*	Mai – Okt. hellgelb 20	wertvoller Schattenblüher mit schmückenden Blättern
Kissenprimel *Primula acaulis*	Mai – Juni viele Farben 10	die bekannte Aurikel; für jeden Gartenboden; reizvoll auch die Kugelprimel *(P. denticulata)*
Seifenkraut *Saponaria ocymoides*	Mai – Juli rosarot 20	reichverzweigte, kräftige Polsterpflanze; sehr empfehlenswert
Niedrige Farne	Beschreibung siehe Seite 97	

Sommerblumen

Einjährige Sommerblumen

Unter Einjährigen verstehen wir alle Blütenpflanzen, die im Jahr der Aussaat blühen, Samen ausbilden und dann vergehen. Die meisten stammen aus wärmeren Gebieten, wo sie teilweise auch ausdauernd sind. Ihrer Herkunft entsprechend verlangen sie eine sonnige Lage. Kalter, nasser Lehmboden ist ohne Verbesserung mit Sand und Komposterde nicht geeignet. Nur feinsamige und wärmebedürftige Arten brauchen eine Vorkultur unter Glas (am Zimmerfenster oder im Mistbeet). Sonst genügt eine Aussaat auf gut vorbereitete, humusreiche Saatbeete im Freiland, meist im April oder Mai bei ausreichender Bodenwärme (wichtig!).

Einjährige Sommerblumen

Deutscher Name *Botanischer Name*	Blütezeit Blütenfarbe Wuchshöhe in cm	besondere Hinweise
Adonisröschen *Adonis aestivalis*	ab Anfang Juli blutrot 30	auch Herbstaussaat möglich, dann frühere Blüte; im April im Saatbeet aussäen; auf 30 cm verpflanzen; kalkliebend; volle Sonne
Fuchsschwanz *Amaranthus caudatus*	Juli – Okt. viele Farben 60–75	auch buntblättrige Sorten; Aussaat im April ins Saatbeet; auf 50 cm verpflanzen; volle Sonne; verträgt keine Nässe, sonst anspruchslos
Löwenmäulchen *Antirrhinum majus*	Juni – Okt. viele Farben 20–80	niedrige Sorten für Beete, höhere für Schnitt; ersten Flor sofort abschneiden, um eine 2. Blüte zu erhalten; anspruchslos; sehr flach säen, auch im September möglich
Ringelblume *Calendula officinalis*	Juni – Okt. gelb/orange 20–60	auch gefüllte Sorten; eine der besten ist *'Fiesta Gitana';* oft Selbstaussaat; Aussaat im April ins Saatbeet, verpflanzen auf 25 cm; für Beet, Schnitt und als Heilpflanze

Einjährige Sommerblumen (Fortsetzung)

Deutscher Name *Botanischer Name*	Blütezeit Blütenfarbe Wuchshöhe in cm	besondere Hinweise
Sommeraster *Callistephus* *chinensis*	Juli – Sept. viele Farben 15–80	Saatgut nur vom Fachgeschäft beziehen, damit Sortenreinheit und Welkresistenz gewährleistet sind; Vorkultur unter Glas oder Freiland; verschiedene Klassen: Straußfeder für Schnitt; Liliput mit Pomponblütchen; Prinzeßaster für Beet und Schnitt; Zwergaster für Beet und Schnitt
Flockenblume *Centaurea*	Juni – Sept. viele Farben 60–70	Aussaat ab März ins Saatbeet; in günstigen Lagen auch im September; bis 4 Wochen Keimzeit; 15 cm Pflanzabstand
Spinnenpflanze *Cleome spinosa*	Juli – Nov. rosa bis 100	Vorkultur unter Glas ab März; pikieren, abhärten; auspflanzen ab Mai auf 40 cm Abstand; sehr schön für Rabatte
Schmuckkörbchen *Cosmos bipinnatus*	Juli – Okt. rot/weiß/rosa 80 (–150)	Aussaat bis Ende März ins Saatbeet; 30–40 cm Pflanzabstand; nur Sonne bis Halbschatten; auch für arme Böden; häufig Blüten schneiden
Zwergdahlie *D. variabilis* *Dahlia-Hybriden*	Juli – Nov. viele Farben 50	für Rabatte, Balkonkästen, Schalen und zum Schnitt; Aussaat ab März unter Glas oder Ende April ins Saatbeet; auspflanzen Ende Mai auf 40 cm; für die Pflanzung in den kommenden Jahren Knollen verwenden
Sommernelke *Dianthus chinensis*	Juli – Nov. viele Farben 30	Vorkultur Ende März unter Glas; Keimung nach 10 Tagen, danach pikieren; auspflanzen im Mai auf 20 cm; hervorragende Beet- und Schnittblume

Einjährige Sommerblumen (Fortsetzung)

Deutscher Name *Botanischer Name*	Blütezeit Blütenfarbe Wuchshöhe in cm	besondere Hinweise
Goldblume *Dimorphotheca*	Juni – Sept. Gelbfarben 30–40	viele ausgezeichnete Sorten für Beet und Schnitt; Aussaat ab März unter Glas oder April ins Saatbeet; auspflanzen auf 20 cm Abstand
Gazanie *Gazania splendens* *(Gazania rigens)*	bis Sept. Goldfarben 30	großblumige *Sunshine-Hybriden* besonders empfehlenswert; Aussaat unter Glas oder Ende April ins Saatbeet; warmer Standort in gutem Boden; 30 cm Pflanzabstand
Atlasblume *Godetia amoena*	bis Sept. Pastellfarben 40	Aussaat ab April ins Saatbeet; in warmen Lagen auch Herbstaussaat möglich; für Sonne und Halbschatten; jeder Boden geeignet; beliebte Beet- und Schnittblume
Einjähriges Schleierkraut *Gypsophila elegans*	Juli – Aug. weiß/rosa 45	Aussaat März – April ins Saatbeet; auspflanzen in Gruppen ab Mai; liebt volle Sonne in kalkhaltigem Boden, der nicht feucht sein soll
Sonnenblume *Helianthus annuus*	ab Juli gelb/rot bis 400	auch rotbraune und gefüllte Sorten; Aussaat ab April ins Freiland; je mehr Dünger und Wasser gegeben wird, desto besser der Wuchs; mitunter wachsen auch Stangenbohnen daran; niedrige Sorten für Beetpflanzung
Rosenbalsamine *Impatiens balsamina*	Juni – Okt. viele Farben bis 70	alte, duftende Blume der Bauerngärten für Sonne bis Halbschatten; Aussaat ab März unter Glas oder Mitte April ins Saatbeet

Einjährige Sommerblumen (Fortsetzung)

Deutscher Name *Botanischer Name*	Blütezeit Blütenfarbe Wuchshöhe in cm	besondere Hinweise
Sommerzypresse *Kochia scoparia* 'Trichophylla'	– ohne Bedeutung bis 100	streng geformte, sehr wirkungsvolle Büsche mit hellgrünem Laub; weinrote Herbstfärbung; für Gruppenpflanzung, einjährige Hecken und Einzelstellung; kann für jede Form geschnitten werden; Aussaat unter Glas; immer 2–3 Pflanzen zusammensetzen
Bechermalve *Lavatera trimestris*	Juni–Sept. weiß/rot bis 100	Aussaat ab März unter Glas oder Mitte April ins Saatbeet; für Schnitt und als Hintergrund im Bauerngarten; sollte gestützt werden
Steinkraut *Lobularia maritima*	ab Juni weiß/lila 10–15	Duftpflanze für Einfassungen, Beetflächen und als Bodendecker; nach dem ersten Flor zurückschneiden; Aussaat März ins Saatbeet, dann büschelweise 15×15 cm auf sonnigen Standort verpflanzen: oft auch Selbstaussaat
Sommerlevkoje *Matthiola incana*	ab Juni viele Farben 25–70	nur gefüllte Sorten unter Glas säen oder Pflanzen kaufen; einfachblühende keimen früher und können so aussortiert werden; sonniger Stand und kalkhaltiger Boden vorteilhaft
Mittagsblume *Mesembranthemum*	ab Juni weiß/lila/rot 10–12	*M. crystallinum* (Eispflanze) schmückt durch graue, wie mit Eiskristallen übersäte Blätter; eßbar wie Spinat; *M. criniflorum (Dorotheanthus bellidiformis)* mit fleischigen Blättern und sehr hübschen Pastellblüten; für volle Sonne in armen Böden; Aussaat unter Glas, dann pikieren
Jungfer im Grünen *Nigella damascena*	ab Juni blau/weiß/rosa 40–45	gefüllte Sorten; Aussaat im April ins Saatbeet; auf 20×25 cm verpflanzen; schöne Schnittblume; volle Sonne

Einjährige Sommerblumen (Fortsetzung)

Deutscher Name *Botanischer Name*	Blütezeit Blütenfarbe Wuchshöhe in cm	besondere Hinweise
Sommerphlox *Phlox drummondii*	Ende Juni viele Farben bis 30	Aussaat ab März unter Glas oder Mitte April ins Saatbeet; Keimung nach 3 Wochen; verpflanzen auf 20 × 20 cm; farbenprächtige Sommerblume
Portulakröschen *Portulaca* *grandiflora*	ab Juli viele Farben bis 15	für Beete, Steingärten, Balkonkästen und Schalen; Aussaat ab März unter Glas oder Anfang Mai (flach!) ins Saatbeet; verpflanzen auf 15 × 20 cm; volle Sonne in sandigen Böden; fault bei Nässe
Gartenreseda *Reseda odorata*	ab Juli Rottöne bis 40	bekannte Duftpflanze für Einfassungen und Beete; Aussaat Mitte April ins Saatbeet; Jungpflanzen durch Erdflöhe gefährdet; für Sonne bis leichten Halbschatten in jedem Boden
Husarenknopf *Sanvitalia* *procumbens*	ab Juni gelb 10–15	sehr hübsche Sommerblume als Bodendecker; Aussaat ab April ins Saatbeet, dann pikieren; auf 20 × 25 cm verpflanzen; für Sonne in Sandböden
Studentenblume *Tagetes erecta* *Tagetes-patula-* *Hybriden*	ab Juli gelb/braun 45–70 15–35	hohe, gefüllte Sorten für Schnitt; niedrige Sorten als Beetpflanzen, bodengesundend; Aussaat ab März unter Glas oder April ins Saatbeet; pikieren; Pflanzweite der hohen Sorten 30 × 40 cm, für niedrige 20 × 20 cm
Kapuzinerkresse *Tropaeolum majus* *kletternde Sorten* *buschige Sorten*	Ende Juni gelb/rot/braun 200–300 20–30	gute, reichblühende, niedrigbleibende Pflanzen bietet die Mischung 'Bunte Juwelen'; in Sonne reichblühender als im Halbschatten; Blüten und junge Blätter eßbar und heilkräftig; Aussaat im April an Ort und Stelle oder in Töpfen zum Verpflanzen; meist auch Selbstaussaat

Einjährige Sommerblumen (Fortsetzung)

Deutscher Name *Botanischer Name*	Blütezeit Blütenfarbe Wuchshöhe in cm	besondere Hinweise
Zinnie *Zinnia elegans*	ab Juli viele Farben 15–80	hohe Sorten zum Schnitt; Zwergsorten für Beete, Schalen und Balkonkästen; Aussaat ab April ins Saatbeet; pikieren; sonniger Stand in warmem, nahrhaftem Boden; bei Nässe oft Pilzkrankheiten
Petersilie		ist zwar keine Sommerblume, doch ist ihr Schmuckwert außerordentlich; in Gruppen gepflanzt, werden die benachbarten Blüten durch das satte, neutrale Grün der Petersilie besonders hervorgehoben; Profis nehmen höherwachsende Sorten als Bindegrün zu Sträußen; nicht an Ort und Stelle, sondern in Saatschale aussäen und dann zu je 5 bis 7 Stück auspflanzen.
Basilikum		kennt man nur in der grünen Art als Würzpflanze; es gibt auch niedrige Sorten mit gleicher Würzkraft, die durch das metallische Rot ihrer Blätter auch schmücken.

Zweijahresblumen

Diese Pflanzen ähneln in ihrer Blütenfülle den Einjahresblumen. Da sie aber eine zwei- oder mehrjährige Entwicklung brauchen, kommen sie den Stauden nahe. Einige Arten wie Malven, Goldlack, Islandmohn und Bartnelken bleiben mehrere Jahre am Standort, wenn man die Blütenstände sofort abschneidet, bevor sie Samen ansetzen können. Samenbildung erfordert sehr viel Kraft und erschöpft die Pflanzen schnell. Am natürlichen Standort säen sie sich – meist im Mittsommer – selbst aus, damit die vorbereitete Blatt- und Blütenentwicklung für das nächste Jahr bis zum Wintereintritt abgeschlossen ist.

Zweijahresblumen

Deutscher Name *Botanischer Name*	Blütezeit Blütenfarbe Wuchshöhe in cm	besondere Hinweise
Stockrose *Althaea rosea* *(Alcea rosea)*	ab Juli viele Farben bis 200	alte Pflanze der Bauerngärten am Zaun oder als Gruppenpflanze im Hintergrund; Aussaat ab Mai; Pflanzung September; häufig tritt Malvenrost auf, der rechtzeitig zu bekämpfen ist
Maßliebchen *Bellis perennis*	März – Juni weiß/Rottöne 10–20	Aussaat ab Juni ins Saatbeet; pikieren; Pflanzung im nächsten Frühjahr auf 15 × 20 cm; Saatgut mit Sand mischen; junge Blätter auch als Salat verwendbar
Marien- glockenblume *Campanula medium*	ab Juni blau/weiß/rosa 70–90	Aussaat ab Mai ins Saatbeet; pikieren; Pflanzung Juli – August in sonniges, humoses Beet; ungefüllte Sorten sind schöner; für Gruppenpflanzung besonders geeignet
Goldlack *Cheiranthus cheiri*	ab Mai viele Farben 30–70	höhere, duftende Sorten für Vasen, niedrige für Beete und Schalen; gefährdet durch Wildverbiß; Aussaat ab Mai ins Saatbeet; auspflanzen ab Juli auf 25 × 30 cm; sonniger Standort; Winterschutz
Bartnelke *Dianthus barbatus*	ab Juni Mischfarben 40–60	Blume der Bauerngärten für sonnigen Standort; Aussaat Mai – Juni ins Saatbeet; pikieren; im Juli auspflanzen auf 25 × 30 cm; gefährdet durch Wildverbiß
Landnelken Chabaudnelken Hängenelken *Dianthus* *caryophyllus*	ab Juli viele Farben 30–60	Aussaat unbedingt warm unter Glas ab Ende Februar; pikieren; abhärten; auspflanzen im Sommer auf 25 × 25 cm; sehr wertvolle Beet- und Schnittblumen mit starkem Duft; Hängenelken für Balkonkästen und Schalen; Wildverbiß

Zweijahresblumen (Fortsetzung)

Deutscher Name *Botanischer Name*	Blütezeit Blütenfarbe Wuchshöhe in cm	besondere Hinweise
Fingerhut *Digitalis purpurea*	Juni – Juli Rotfarben bis 150	Vorsicht, Giftpflanze! Pflanze der Bauerngärten für Gruppenpflanzung, an Mauern und Zäunen; auch im Halbschatten; Aussaat im Juni ins Saatbeet; auspflanzen Ende August
Nachtviole *Hesperis matronalis*	Mai – Juli violett 50–100	alte, besonders abends duftende Schmuckpflanze für Sonne und Halbschatten; Aussaat Mai bis Juni; häufig auch Selbstaussaat
Vergißmeinnicht *Myosotis alpestris*	Mai – Juni blaue Farben 10–30	niedrige Sorten als Beetpflanze zu Tulpen, Lilien, Rosen und für Schalen; höhere Sorten für den Schnitt; Aussaat ab Mai ins Saatbeet; pikieren; ab August auf 20×20 cm Abstand auspflanzen
Stiefmütterchen *Viola-Wittrockiana-Hybriden*	März – Juni Mischfarben 10–25	bekannte, problemlose Beetpflanze mit zahlreichen Sorten; flache Aussaat im Juli; dunkel und feucht halten; pikieren im September; auspflanzen im Frühjahr; leichter Winterschutz ratsam

Hochstämmchen und Kübelpflanzen

Wenn im späten Frühjahr Fuchsien und Pelargonien ins Beet gepflanzt werden, dann denkt kaum jemand daran, daß es sich hier eigentlich um Gehölze handelt. In ihrer wärmeren Heimat sind es gewöhnlich stattliche Sträucher. Mancher Gartenfreund hat im Urlaub schon baumhohe Hibiskussträucher fotografiert. Eindrucksvolle Schönheiten werden es auch bei uns, wenn es gelingt, sie heil und kühl durch den Winter zu bringen. Eines der bekanntesten Beispiele ist der Oleander.

– Fuchsien
Fuchsia-Hybriden gibt es in zahlreichen Farbsorten und den verschiedensten Wuchsformen wie hängend, straff aufrecht und halbaufrecht. Letztere lassen sich auch zu Pyramiden schneiden. Es gibt sehr alte Kübelpflanzen unter den Fuchsien.

– Strauchmargerite
Crysanthemum frutescens bringt das Blühen der Wiesen auf Balkon und Terrasse. Es gibt auch dunkelgelb blühende Sorten. Allerdings sind die Blüten nicht so langlebig wie bei Fuchsien. Vor der Überwinterung ist ein Rückschnitt empfehlenswert.

– Klebsame
Pittosporum tobira ist seit dem Biedermeier bekannt und beliebt. Diese immergrüne Kübelpflanze hat aparte weiße Blüten, die zart duften. Sie ist wie Oleander zu pflegen.

– Kanarischer Ginster
Cytisus canariensis ist eine immergrüne Ginsterart. Die zierlichen Zweige sitzen voll gelber, fein duftender Blüten.

– Bleiwurz
Plumbago auriculata (P. capensis) ist das passende, himmelblaue Gegenstück zu Lantanen. Auf der Mainau bilden Hochstämmchen mit Rosen eine wunderschöne Einheit. Sie sollte auch als Beetpflanze viel öfter verwendet werden. Eine helle und luftige Überwinterung (6°C) wie bei Fuchsien ist zu empfehlen.

– Wandelröschen
Lantana-Camara-Hybriden begeistern als hohe Büsche und besonders als Hochstämme, die sehr alt werden können. Die bekannteste Sorte ist *'Prof. Raoux'* (orangerot). Der Name Wandelröschen bezieht sich auf die reizvollen Farbwandlungen während des Blühens. Sie benötigen Wärme und volle Sonne.

– Pelargonie (Geranie)
Während *Pelargonium zonale* (aufrecht) von selbst in die Höhe wächst, muß man *Pelargonium peltatum* (hängend) aufbinden, um einen schönen Busch zu erhalten. In jedem Fall verbleiben die Seitentriebe als Garnierung.

135

– Heliotrop

Heliotropium arborescens war einige Zeit nahezu vergessen. Als Beetpflanzen sieht man sie jetzt wieder mit ihren tiefblauen, stark duftenden Blüten. Bei einer hellen Überwinterung (10° C) werden es schöne Kübelpflanzen. Die Sorte *'Marine'* hat dunkles Laub.

– Zigarettenblümchen

Cuphea ignea hat reizende kleine, rote Blütchen. Sie sind länglich und haben vorne einen weißen Rand, daher der Name. Ihr Wachstum ist ähnlich der Fuchsie, sie hat auch die gleichen Ansprüche.

– Roseneibisch

Hibiscus rosa-sinensis ist mit unserem Freilandeibisch zwar verwandt, jedoch nicht winterhart. Riesige, dekorative Blüten schmücken den Strauch, der bei guter Pflege recht hoch werden kann. Er ist auch für Zimmerkultur geeignet, solange er klein ist.

– Eukalyptusbaum

Eucalyptus globulus ist in seinen Ansprüchen dem Oleander vergleichbar. In warmen, geschützten Lagen verbleibt er auch im Winter, an einer Hauswand und mit einer Laubdecke geschützt, draußen.

Myrte *(Myrtus)*, Schönmalve *(Abutilon)*, Engelstrompete *(Datura)*, Löwenohr *(Leonotis)* und viele andere werden ebenfalls als Kübelpflanzen überwintert.

Floristisches

Trockenblumen aus dem Garten

Trockenblumen waren zeitweise aus der Mode. Man nahm sich nicht mehr die Mühe, sie so liebevoll herzurichten, wie wir es von alten Bildern bei den Biedermeiersträußen kennen. In den Uralt-Gartenheften des vorigen Jahrhunderts sind sie sehr schön beschrieben. Nicht allein Trockenblumen, auch Gräser, Blätter, Früchte, Farne und Wurzeln wurden in die Sträuße eingearbeitet. Alle Pflanzen des Gartens und der umgebenden Natur, zu denen die Menschen eine Beziehung hatten, wurden verwendet.

Wie oft sieht man heute in Gestecken mit Plastikblumen, bunten Federn und Lotusfrüchten natürliche Blumen, die aussehen, als hätten sie in der Vase ihr Leben ausgehaucht. Dabei kennen wir so viele anspruchslose Gartenpflanzen, die durch ihre besondere Struktur auch als Trockenblumen ohne besondere Behandlung lange haltbar bleiben. Zum Trocknen werden sie blattlos gebündelt, luftig und dunkel kopfunter aufgehängt.

Für Bodenvasen eignen sich neben der Artischocke und Cardy auch die Fruchtstände vom Ziermais und Baumwürger *(Campsis).* Besonders schön sehen hochgewachsene Staudengräser aus. Zum Trocknen geeignete Schmuckstauden sind unter der Auflistung Beet- und Schnittstauden zu finden.

Einjährige Pflanzen:
Strohblume *(Helichrysum bracteatum);* in vielen Farben, außer blau
Sonnenflügel *(Helipterum roseum);* vor dem Aufblühen schneiden; rot, weiß, gelb
Kugelamarant *(Gomphrena globosa);* Saatgut als Farbenmischung kaufen; sehr reichblühend
Meerlavendel *(Limonium sinuatum);* in vielen Farben; mit offener Blüte schneiden

Haltbare Sträuße mit buntem Herbstlaub

Sträuße mit buntem Herbstlaub sind ein Abschiedsgruß des Sommers und ein Vasenschmuck erster Güte, obgleich nicht sehr lange haltbar. Hier geht es allerdings nicht mehr um die kleinen Trockenblumen für das Gesteck oder den Biedermeierstrauß; vielmehr steht das Gefäß in Beziehung zur Größe der Zweige. Bodenvasen sind hier genau das richtige.

Um die Pracht über längere Zeit zu erhalten, könnte man es mit einer Konservierungsmethode versuchen, die in früherer Zeit häufiger angewendet wurde. Voraussetzung ist aber, daß die Blätter noch aktiv sind und sehr fest am Zweig sitzen. Dafür eignen sich nicht nur Gehölze mit herbstbuntem Laub, sondern auch die roten und weißbunten Arten samt ihrem Fruchtschmuck. Man stellt die Zweige in eine gut durchmischte Lösung von zwei Drittel Wasser und einem Drittel Glyzerin. Die Stiele

werden vorher unter Wasser (wichtig!) kreuzweise gespalten, damit die Mischung möglichst schnell in die Leitungsbahnen eindringen kann. Drei Wochen verbleiben die Zweige darin, bis sich die Blätter fettig anfühlen. Bei Bedarf Glyzerinwasser nachfüllen. Danach kann man sie trocken in Vasen verteilen. Versuche zeigen, welche Laubgehölze, besonders unter den Immergrünen, am besten geeignet sind. Die anschließende Liste soll zusätzliche Anregungen geben.

Feuerahorn *(Acer ginnala);* mit Früchten
Eschenahorn *(Acer negundo);* mit weißbuntem Laub und Früchten
Japanischer Fächerahorn *(Acer palmatum);* mit rotem Laub
Blutberberitze *(Berberis thumbergii 'Atropurpurea');* stachelig mit rotem Laub
Purpur-Hartriegel *(Cornus alba 'Sibirica');* mit rotem Holz
Perückenstrauch *(Cotinus coggygria 'Rubrifolius');* mit fiedrigem Fruchtstand
Strauchmispel *(Cotoneaster salicifolius var. floccosus);* immergrün mit Früchten
Pfaffenhütchen *(Euonymus europaea);* mit sehr schönen Samenständen
Efeu *(Hedera helix);* mit farbigen und formenreichen Blättern; hängend
Stechpalme *(Ilex aquifolium);* immergrün mit roten Früchten
Böschungsmyrte *(Lonicera pileata);* immergrün mit zierendem Laub
Mahonie *(Mahonia aquifolium);* immergrün mit blaubereiften Früchten
Blutpflaume *(Prunus cerasifera 'Nigra');* mit dunkelrotem Laub
Feuerdorn *(Pyracantha);* mit verschiedenen Sorten; immergrün mit roten und gelben Früchten
Roteiche *(Quercus rubra);* mit flammendem Herbstlaub
Rhododendron; immergrüne Sorten
Azaleen; laubabwerfende mit sehr schöner Herbstfärbung
Wildrosen; mit Hagebutten in verschiedenen Formen und Farben

Barbarazweige blühen zu Weihnachten

Der Name Barbarazweige leitet sich von der heiligen Barbara ab, die am 4. Dezember Namenstag hat. Man nimmt diesen Tag als frühesten Termin, um Zweige von Gehölzen zu schneiden, die bis Weihnachten blühen sollen.
Ursprünglich nahm man nur Kirschzweige. Die Reinheit der Kirschblüte war Sinnbild für die heilige Barbara. Auch in asiatischen Ländern hat die Kirschblüte noch heute eine religiöse Bedeutung.
Zum Treiben eignen sich alle Gehölze, die normalerweise im Frühling blühen, da die Blütenanlage bei Triebabschluß im Herbst bereits voll ausgebildet ist. Wenngleich einige Frostnächte als Voraussetzung für eine Blüte meist ausreichen, wird man die geschnittenen Zweige doch noch vorbehandeln:
– nicht sofort ins warme Zimmer stellen, sondern besser über Nacht im kühlen Keller belassen
– 12 bis 15 Stunden in 30 bis 40° C warmes Wasser legen
– Stiele (unter Wasser) lang anschneiden oder kreuzweise spalten
– Beste Treibtemperatur ist ungefähr 15° C

Nicht immer sind nur Blütenzweige in der Vase schön. Das dekorative Blattwerk des Japanischen Fächerahorns oder der Roßkastanie sind ebenso schmückend wie die Triebe der Korkenzieherhasel. Bei aller Freude über die Schönheit der Barbarazweige im Zimmer sollte man aber den Strauch im Garten nicht verunstalten. Dieser bleibt uns noch dann erhalten, wenn der Vasenschmuck schon lange vergangen ist.

Geeignete Blütentriebe für die Treiberei

Hasel- und Weidenkätzchen; lassen sich zwar sehr gut treiben, doch ist der abfallende Blütenstaub recht lästig.

Süßkirschen; diesjährige Langtriebe sind oft ohne Blütenknospen; am besten jene mit geringer Seitenverzweigung verwenden

Sauerkirschen; sind nur an den diesjährigen Trieben mit Blüten besetzt; die »Peitschen« sind ohne Knospen

Zierkirschen; sind wie alle Süßkirschen brauchbar

Blutberberitze *(Berberis ottawensis 'Superba');* rotes Laub, gelbe Blüten

Hartriegel *(Cornus mas);* mit gelben Blüten, kurze Treibdauer

Forsythien; nur zweijährige, verzweigte Triebe schneiden

Zaubernuß *(Hamamelis sp.);* mit gelben Blüten; läßt sich gut treiben, doch verträgt der Strauch den Schnitt nicht gut

Winterjasmin *(Jasminum nudiflorum);* mit gelben Blüten, die bereits nach wenigen Tagen sichtbar sind, da der Busch ohnehin im Winter blüht

Zierapfel *(Malus sp.);* in vielen Sorten; nur Zweige mit Blütenknospen schneiden (Blattknospen sind länger und spitz)

Mandelbäumchen *(Prunus triloba);* nur diesjährige Langtriebe sind geeignet

Blutjohannisbeere *(Ribes sanguineum);* in verschiedenen Sorten erhältlich; paßt gut zu Forsythien

Duftschneeball *(Viburnum fragrans);* ist zum Treiben etwas heikel; Warmwasserbehandlung wichtig

Der Rasen im kleinen Garten

Neuanlage

Vorbereitung

- Man entnimmt eine Bodenprobe. Der Rasen braucht sauren Boden.
- Die vorgesehene Fläche wird von Steinen, Holz und Unrat gereinigt.
- Die Fläche wird etwa 15 cm tief gelockert. Dabei werden Winden, Disteln und andere Wurzelunkräuter ausgelesen.
- Schwerem Boden setzt man Sand zu, leichter Boden wird mit Humus angereichert.
- Vor der Aussaat wird nicht gedüngt. Eventuell wird ein milder Kompost ausgebracht.
- Danach wird eingeebnet.
- Zum Planieren eignet sich eine etwa 2 Meter lange Stehleiter, deren Enden mit einem langen Seil verbunden werden, an dem man sie einige Male kreuz und quer über die Fläche ziehen kann.
- Eine Rasenkante (zur Pflanzfläche hin) wird so eingerichtet, daß der Rasenmäher mit einem Rad darauf laufen kann.

Die Auswahl der Rasenmischung richtet sich nach dem späteren Verwendungszweck der Grünfläche. Fachgeschäfte empfehlen die richtige Mischung für
- feinen Zierrasen
- Gebrauchsrasen
- Sport- und Spielplatzrasen
- Schattenrasen.

Auf schattigen Flächen befriedigt Rasen allerdings nicht, da sich innerhalb kürzester Zeit Moose bilden. Hier entscheidet man sich am besten für schattenverträgliche Bodendecker (siehe Kapitel „Stauden" und „Gehölze").

Aussaat

- Für die Aussaat einer Rasenfläche reichen 20 g Saatgut pro m².
- Die Aussaat kann von April bis September stattfinden.
- Für größere Flächen leiht man sich beim Fachmann eine „Sembder-Rasenbaumaschine", die das Saatgut aussät, einarbeitet und festwalzt.
- Wenn man kleinere Flächen von Hand aussäen will, macht man sich ein Streubild. Wenn man das Saatgut mit Sand vermischt, wird dadurch eine gleichmäßige Aussaat erreicht.
- Das Einarbeiten des Grassamens geht mit einem geliehenen Rasenigel und einer Walze leichter vonstatten als das Einhacken von Hand und das anschließende Festtreten mit angeschnallten Bretterstücken.

– Danach wird die Fläche mit einem Sprühgerät oder feinen Regner gut befeuchtet.
– Etwa 2 Wochen lang nach der Aussaat darf die Fläche nicht austrocknen, da sonst der Keimvorgang unterbrochen wird und die Samen absterben.

Schnitt

Wenn die Gräser eine Höhe von 8 bis 10 cm erreicht haben, ist der erste Schnitt durchzuführen und anschließend ist der Rasen (doch nur diesmal) zu walzen. Gut geeignet sind Handmäher.
Eine Schnitthöhe von 3 cm für Gebrauchsrasen ist bei wöchentlichem Schnitt ausreichend, um eine dichte Grasnarbe zu erzielen und gleichzeitig Moos und Unkräuter zu unterdrücken.
– Zierrasen wird auf „Zuwachs" geschnitten, das heißt, $1/3$ der Blattmasse wird abgemäht. Die Grashöhe wird auf 2 bis 2,5 cm gehalten. Meist sind dann 2 Schnitte pro Woche nötig.
– Die Schnitthöhe des Rasenmähers ist im Hochsommer auf 4 bis 5 cm einzustellen, um der Grasnarbe einen Schutz vor dem Austrocknen zu geben.
– Das Schnittgut braucht nicht beseitigt zu werden, wenn mit dem Handmäher kreuz und quer geschnitten wird.

Geeignete Rasengeräte

– Handmäher mit einer Schnittbreite von 40 cm sind für Flächen bis 400 m² geeignet.
– Sichelmäher mit Benzinmotor sollte man nur für größere Flächen, auf denen das Gras relativ hoch belassen wird, verwenden.
– Tragbare Motorsensen sind bei kleineren Extensivflächen und weniger zugänglichen Stellen wie neben Bäumen und Sträuchern sehr praktisch. Sie werden auch „Freischneider" genannt. Der Fadenschneidkopf beseitigt hohes Gras. Durch Verwendung des Wechselkopfes (mit Schneidmessern) können auch Brombeeren und Gestrüpp beseitigt werden.
– Vertikutierer befreien den Rasen von Moosen und Unkräutern, reißen gleichzeitig die oberste Bodenschicht auf und verschaffen den Pflanzen wieder Luft. Sie sind als Hand- und als Motorgeräte erhältlich. In manchen Fachgeschäften können sie auch entliehen werden.
– Zur tiefer gehenden Belüftung und Entfilzung der Rasenfläche ist ein Aerifiziergerät geeignet. Es besteht aus einer Stachelwalze, die über den Rasen gezogen wird. Dies ist nur dann notwendig, wenn der Boden im Oberflächenbereich verdichtet ist. Gleiche Dienste leistet auch eine Grabgabel, die man in regelmäßigen Abständen in den Boden stößt. Diese Arbeit wird im Frühjahr durchgeführt. Auf schweren Böden bringt man eine 1 cm hohe Sandschicht aus. Ein englisches Gärtnerwort sagt: „Man muß den Rasen schneiden, düngen, wässern, lüften, sanden, dann bleibt er 100 Jahre schön."

Fertigrasen

Fertigrasen ist für Ungeduldige gedacht. Er wird in 3 cm starken Bahnen in aufgerolltem Zustand geliefert und parkettartig verlegt. Der Boden muß genau so sorgfältig vorbereitet und planiert werden wie für eine Aussaat. Eine dünne Sandschicht auf dem Boden beschleunigt das Anwachsen der Rasensoden.

Verlegen

– Die Sodenstücke werden eng auf dem angefeuchteten Boden aneinandergelegt, nicht jedoch gepreßt.
– Der Boden muß vor dem Verlegen leicht, danach stark gewässert werden (etwa 5 Liter pro m²).
– An Hängen werden die Soden mit Holzstücken festgenagelt, um ein Abrutschen zu verhindern.
– Das Verlegen von Fertigrasen ist während des ganzen Jahres möglich.

Rasenpflege und -probleme

Düngen und Wässern

Beide Arbeiten hängen eng miteinander zusammen.
– Wer viel düngt, muß auch viel wässern und mähen. Deshalb bereitet ein intensiv gepflegter Rasen während der Urlaubszeit oft Kopfzerbrechen. Verschiedene Hersteller bieten Langzeitdünger an. Der späteste Düngetermin ist der August.
– Der Wasserbedarf ist von der Grasart abhängig. Während einer Trockenperiode braucht ein gepflegter Rasen wöchentlich etwa 20 Liter pro m². Das sind etwa 3 bis 4 Stunden Bewässerung mit einem mittelstarken Regner.
– Der Aufwand an Dünger wird fast bedeutungslos, wenn man häufig mit dem Handmäher über kreuz mäht. Das Schnittgut kann liegenbleiben und verrottet sehr schnell. So entsteht ein natürlicher Kreislauf, der das Bodenleben fördert. Da Regenwürmer salzempfindlich sind, haben sie dadurch bessere Lebensbedingungen und belüften den Rasen besser.

Unkraut im Rasen

Wenn Unkraut im Rasen auftaucht, kann dies folgende Ursachen haben:
– Der Schnitt ist zu tief. Man stellt den Rasenmäher höher und mäht lieber häufiger.
– Der Rasen hungert. Man läßt eine Bodenuntersuchung durchführen und düngt gemäß Empfehlung. Gelegentlich sollte bewässert werden, da Unkräuter Trockenheit besser verkraften als Rasengräser.
– Der Boden ist zu kalkreich. Da der Rasen eine saure Bodenreaktion benötigt, sollte man Kalk und kalkhaltige Dünger wie Thomasmehl meiden. Klee ist oftmals ein Zeichen von zu hohem Kalkgehalt. Er macht den Rasen jedoch trittfester.
Unkrautvernichtungsmittel in Kombination mit Rasendüngern und spezielle Spritzmittel gegen Unkräuter im Rasen sind in der Anwendung problematisch. Man braucht für die Ausbringung die richtigen Geräte und muß genau auf die Konzentration und eine mögliche Abdrift achten. Manche Unkräuter werden durch solche Mittel nicht erfaßt, wohl aber Nutzinsekten, die wir eigentlich schützen wollen. Außerdem wird die Ursache des Unkrautwuchses durch Spritzmittel nicht beseitigt.

Moos im Rasen

Moos wird zum Problem in Schattenlagen mit weniger als 30% der Lichtmenge eines sonnigen Standortes. Kalkgaben sind nutzlos, sie fördern lediglich die Unkräuter.
Moosbeseitigung mit dem Eisenrechen oder Vertikutierrechen ist nicht nur mühsam, sondern lockert auch noch die spärlichen Gräser.
Käufliche Moosvernichter enthalten überwiegend Eisensulfat. Billiger läßt sich solch ein Mittel (mit Dünger) selbst herstellen:
3 Teile schwefelsaures Ammoniak (handelsüblicher Dünger)
1 Teil Eisen-II-Sulfat aus dem Fachgeschäft oder der Drogerie
3 Teile feiner Sand
Von dieser Mischung streut man 250 g pro m².
Während der kühlen Jahreszeit nimmt der Moosanteil wieder zu, wenn seine Ursachen nicht beseitigt werden.
Eine Neueinsaat unter den gleichen Standortverhältnissen ist daher nutzlos.

Hexenringe im Rasen

Hexenringe im Rasen sind ein häufiges Problem. Sie entstehen durch den typischen Wuchscharakter eines Hutpilzes namens Nelkenschwindling (Merasmius oreades). Ausgehend von einer Spore breiten sich die Pilzfäden ringförmig nach außen aus. In diesen Zonen sterben die Gräser infolge der Stoffwechselausscheidungen des Pilzes ab. So entstehen kahle Stellen, die sogenannten Hexenringe. In trockenen, warmen Jahren ist der Befall am stärksten.
Das wasserabweisende Pilzgeflecht sitzt bis zu 30 cm tief im Boden und ist deshalb durch Gießen oder mit Spritzmitteln nicht zu bekämpfen. Doch folgende Maßnahme ist meist erfolgreich:

Im Verlauf der Ringe tiefe Löcher im Abstand von 25 cm in den Boden stoßen. Sehr viel Wasser, mindestens 20 l pro m² einfüllen, aber unbedingt vorher ein Haushaltsspülmittel zusetzen, damit das Wasser entspannt ist. Anschließend nochmals mit einer Calirus-Brühe gießen, wieder unter Zusatz eines Spülmittels. Das pilztötende Mittel Calirus ist in Fachgeschäften erhältlich. Nach einigen Jahren verschwinden die Hexenringe von selbst.

Rasenersatz im Schatten

In schattigen Bereichen, wo kein Gras mehr wächst, pflanzt man besser mattenbildende, vorzugsweise immergrüne Bodendecker. Schattenverträgliche, bodendeckende Gehölze und Stauden sind:
Efeu *(Hedera helix);* in vielen Formen und Farben
Dickanthere *(Pachysandra teminalis);* auch weißbunte Form
Immergrün *(Vinca minor);* kleinblättrig; *(Vinca major);* großblättrig
Roter Günsel *(Ajuga reptans 'Multicolor')*
Ebenso verwendbar sind Walderdbeeren, Waldmeister, Sauerklee und Maiglöckchen.

Die Blumenwiese im Garten

Wer sich mit der Rasenplanung beschäftigt, merkt sehr schnell, daß die gepflegte Rasenfläche mehr Arbeit erfordert als ein Staudenbeet. Andere merken das erst später. Sie machen aus der Faulheit eine Tugend und sagen, daß sie keinen Rasen, sondern eine Wiese haben wollen. In Wahrheit bleibt das aber eine ungepflegte, zertrampelte Grasfläche mit Löwenzahn, Klee und Hahnenfuß. Für eine echte, schöne Blumenwiese sind die meisten Gärten zu klein.
Führende Saatgutfirmen bieten Mischungen mit Blumen und Kräutern an, die auch gut zwischen Obstbaumreihen verwendet werden können. Zusammengekehrte Reste vom Heuboden (Heublumen) tun es gewöhnlich auch. Sie sind sonst ja nur als heilkräftiger Badezusatz bekannt.
„Steht" die Wiese, darf man sie allerdings nur kurze Zeit betreten: Im Frühsommer nach dem ersten Schnitt und im Herbst nach dem zweiten. Andernfalls wird es doch nur eine zerrupfte Grasfläche.
Wer mit der Sense nicht umgehen kann, kauft sich für den Schnitt eine tragbare Motorsense (Freischneider) mit Schneidfaden.
Nicht geeignet für eine Blumenwiese sind die landwirtschaftlichen Wiesenmischungen, weil sie hauptsächlich Weidegräser enthalten. Es fehlen darin die bunten Blumen wie Margeriten, Skabiosen, Salbei, Glockenblumen und so weiter.

Rasenkalender

Januar
: nassen, gefrorenen oder verschneiten Rasen nicht betreten

Februar
: bei aufgetauter Fläche werden zusammengewehte Blätter abgerecht, damit die Gräser nicht vergilben

März
: bei trockener Fläche toten Bodenfilz und Moos herauskämmen (vertikutieren); das Material dient als Mulch unter Zier- oder Beerensträuchern, besonders Himbeeren; sind Krokusse im Rasen, dann muß man mit dem ersten Schnitt noch warten; die Rasenkanten abstechen, keinen Kalk oder kalkhaltige Düngemittel (Thomasmehl) ausbringen

April
: der erste Schnitt soll nicht tiefer als 3 cm sein; danach „Einsanden"; eine 1 cm dicke Sandschicht fördert besonders auf schweren Böden das Wurzelwachstum und macht dadurch die Rasennarbe trittfester; Lücken jetzt nachsäen oder mit Rasensoden ausbessern.

Mai
: Gräser einer gepflegten Rasenfläche sollen vor dem Schnitt nicht höher als 5 cm werden; Schnitthöhe weiterhin 3 cm; vor dem Mähen Klee hochrechen, damit er besser von den Messern erfaßt wird Düngesalze schaden den Regenwürmern; deshalb besser gesiebte Komposterde (ungekalkt) oder organischen, kalkfreien Langzeitdünger verwenden

Juni
: zum Monatsanfang die Blumenwiese schneiden, den Rasen bei Trockenheit nur einmal pro Woche wässern, dafür aber gründlich (20 l/m^2 und Woche); Gräser wachsen jetzt langsamer; Moosstellen mit einem Eisensulfat/Sand-Gemisch behandeln.

Juli/ August
: keinen Langzeitdünger mehr geben, da sonst die Gräser zu „mastig" in den Winter gehen, wodurch sie anfälliger für Pilzkrankheiten werden; Rasenmäher auf 4–5 cm einstellen; wird mit dem Handmäher gearbeitet, kann das Schnittgut liegenbleiben; es fördert das Bodenleben und schützt den Boden.

September
: bei dichten, unter Luftmangel leidenden Böden kann jetzt aerifiziert werden; danach Sand ausstreuen; letzter Termin für Neueinsaaten und Ausbesserungen; Rasenkanten sind jetzt abzustechen; vorhandene Hexenringe behandeln

Oktober
: das Herbstlaub laufend entfernen; solange es nötig ist, wird noch regelmäßig auf 3 cm gemäht; der letzte Schnitt muß tiefer sein, wobei alles Mähgut auf dem Rasen verbleiben kann.

November   jetzt die restlichen Pflegearbeiten erledigen; Maulwürfe im Garten
dürfen nicht getötet werden, denn sie sind geschützt; stinkende Lappen in die Gänge stopfen nutzt sehr wenig, besser helfen Alu-Einwegteller, an kurze Holzpflöcke oder Bambusstöcke gebunden; sie schlagen bei Windbewegung ans Holz, wodurch Unruhe in der Erde entsteht, die weder Maulwürfe noch Wühlmäuse mögen, sie wandern ab

Dezember   Rasen nicht mehr betreten; es herrscht Ruhezeit im Garten

Noch eines zum Schluß:
Wenn es in einem ohnehin begrenzten Garten nur zu einem „Briefmarkenrasen" reicht, sollte man lieber darauf verzichten. Rasenmäher und die vielen anderen Geräte, die man benötigt, kosten Geld und brauchen sowohl Pflege als auch einen Lagerplatz. Man sollte prüfen, ob sich der Aufwand dafür lohnt. Vielleicht ist an dieser Stelle eine Fläche mit bodendeckenden Stauden oder Gehölzen angebrachter. Diese sind genauso trittfest, aber pflegeleichter.

Arbeitskalender

Januar

- Überwinterungspflanzen im Keller auf Fäulnis und Trockenheit prüfen; bei frostfreiem Wetter ist Lüften wichtig
- Winterschutz im Freiland bei empfindlichen Stauden und Gehölzen prüfen; Fichtenreisig oder Schattenleinen gegen die Wintersonne bei Pflanzen an Trockenmauern und Pergolen anbringen
- Schnee von Koniferen und Immergrünen abklopfen; besonders Säulenformen fallen auseinander und richten sich selten wieder auf
- Kübelpflanzen im Keller müssen auch im Winter gelegentlich gegossen werden
- Pflanzen vor Wildverbiß (meistens Kaninchen) schützen; gefährdet sind unter anderem Stiefmütterchen, Nelken und Schleifenblumen, bei den Gehölzen Stechpalme, Zierapfel, Flieder und Wacholder
- noch Barbarazweige schneiden

Februar

- Überwinterungspflanzen lüften
- Auslichten der sommerblühenden Ziergehölze: Buddleie, Deutzie, Ranunkelstrauch, Kolkwitzie, Pfeifenstrauch, Spiraeen; nicht bei Forsythien, Flieder, Blutjohannisbeere, Scheinquitte, da sie am einjährigen Holz blühen; Schnitt nach der Blüte
- bei Monatsende Schnitt der Laubgehölze
- prüfen, ob der Frost die Polsterstauden hochgehoben hat
- Bauarbeiten (Kinderecke, Plattenweg, Gartenteich) vorbereiten
- Ende des Monats Chabaudnelken aussäen

März

- Nistkästen kontrollieren; Flugloch muß gegenüber der Wetterseite (nach Ost/Südost) ausgerichtet sein; Nistkasten mit leichter Neigung nach vorn anbringen
- bei Gehölzpflanzungen Grenzabstände (Nachbarrecht) beachten
- nach trockenem Winter ist das Wässern der Rhododendren und anderer Immergrüner jetzt sehr wichtig
- ältere Mahonien auf 20 cm zurückschneiden
- ältere Stauden eventuell teilen und gegebenenfalls umpflanzen; Lavendel, Mohn, Salbei, Schleierkraut, Steppenkerze, Akelei, Tränendes Herz, Päonie, Lupine, Skabiose und Christrose, Frühlings-

blüher erst später umpflanzen, dabei Standortwechsel wegen Bodenmüdigkeit einplanen
- Trockenmauer aufschichten und gleichzeitig bepflanzen; sie muß mit dem Erdreich Verbindung haben und eine Neigung von 10° nach hinten aufweisen
- Gladiolen blühen früher, wenn man sie jetzt wärmer stellt; faulende Knollen unbedingt aussortieren, die übrigen gegen Pilzkrankheiten beizen
- Rhizomknollen des Indischen Blumenrohres putzen und warm aufstellen, ebenso Knollenbegonien
- Balkonkästen bis zur endgültigen Bepflanzung mit Sommerblumen jetzt mit Stiefmütterchen und Maßliebchen bepflanzen
- Petersilie am Zimmerfenster dicht aussäen; später büschelweise ins Blumenbeet pflanzen; hohe Sorte wählen; Keimzeit etwa 3 Wochen
- Sommerblumen und einjährige Kletterpflanzen unter Glas aussäen oder prüfen, wo sie zum Pflanzzeitpunkt erhältlich sind
- unter Sträuchern niemals graben, sondern die Erde nur oberflächlich lockern; bei Rhododendron jede Hackarbeit unterlassen

April

- Flieder im ersten Monatsdrittel umveredeln; dazu wurden im Dezember die Reiser geschnitten und schattig eingeschlagen; gepfropft wird hinter die Rinde
- Sommerblumen im Freiland aussäen; nach Bildung des 2. Laubblattes zu je 3 Stück endgültig verpflanzen;
- Gladiolen 10 cm tief auspflanzen, etwa 50 Knollen pro m²; vorher mit Naß- oder Trockenbeizmittel gegen Pilzkrankheiten behandeln
- Unterschlupf für Nutzinsekten unter einem Schuppendach anbringen; dazu Rohrmatte aufrollen und in 25 cm lange Stücke teilen
- Nadelgehölze nicht vor Ende April pflanzen; besser noch bis Ende August warten
- Dahlien in der 2. Monatshälfte pflanzen; starke Stöcke sind teilbar; Wurzelhals muß gesunde Knospen haben, sonst droht Ausfall; erst den Pfahl, dann die Knollen 10 cm tief setzen
- kein Heckenschnitt mehr, weil Vögel brüten; Polizeiverordnung beachten
- schon beim Austrieb auf Blattläuse achten
- bei der Waldrebe *(Clematis)* nur erfrorene Teile abschneiden; gesunde Langtriebe nach unten binden, sonst verkahlt der untere Teil zu sehr
- Rosen um die Monatsmitte zurückschneiden
- Seerosen zum Monatsende wieder ins Becken setzen, vorausgesetzt, das Wasser hat sich schon etwas erwärmt

- Pfingstrosen dürfen über der Wurzelkrone höchstens 4 cm mit Erde bedeckt sein, sonst blühen sie schlecht oder gar nicht
- Unterglasaussaaten von März an vorsichtig an Frischluft gewöhnen; erst nach genügender Abhärtung ins Freie pflanzen

Mai

- Unkraut rechtzeitig bekämpfen; geeignet sind Schuffel oder dreizinkiger Kultivator, auch die Pendelhacke hat sich bewährt; durch oberflächliche Bodenlockerung wird Unkraut entfernt und die Wasserverdunstung des Bodens gehemmt; Vorsicht bei flachwachsenden Pflanzen
- Aussaat der Kapuzinerkresse ins Freiland; neben dem Zierwert ist sie als guter und heilkräftiger Salatzusatz verwendbar
- Petersilie aus der Saatschale als Lückenbüßer, zusammen mit den Sommerblumen, pflanzen; auch mit in die Sträuße binden
- Stecklinge von Dahlien und Chrysanthemen in Töpfe stecken; sie entwickeln sich bis zum Herbst zu starken Büschen (billiger, als neue Pflanzware zu kaufen)
- Welke Blüten der Zwiebel- und Knollenpflanzen sofort entfernen, da Samenbildung die Pflanzen schwächt
- Zinnien und Studentenblumen erst nach den Eisheiligen pflanzen
- Wildtriebe bei Rosen, Mandelbäumchen und Flieder entfernen; Wurzeltriebe der Unterlage nicht schneiden, sondern abreißen, da sich sonst vermehrt Wildtriebe bilden; notfalls etwas aufgraben
- Rasen nicht bei Trockenheit mähen, da er sonst verbrennt
- Forsythie, Mandelbäumchen, Flieder und Blutjohannisbeere nach der Blüte zurückschneiden

Juni

- Verblühte Rosen nur mit den 2 darunter liegenden Laubblättern abschneiden, sonst verzögert sich der Austrieb
- Rittersporn, Trollblume und Feinstrahlaster sofort nach dem ersten Flor zurückschneiden; sie blühen dann im Frühherbst noch einmal
- Umpflanzen und Teilen der im Frühjahr blühenden Stauden; Teilpflanzen gut wässern, dann entwickeln sie sich bis zum Herbst gut
- Edelwicken, Waldrebe und andere Blütenpflanzen an der Samenbildung hindern, da sonst der weitere Blütenflor geringer wird
- Laubgehölzhecken werden gegen Ende des Monats geschnitten (trapezförmig)
- Wurzelunkräuter wie Disteln, Quecken und Schachtelhalm stets mit der Schuffel sofort abstoßen, sobald sich das erste Grün zeigt; da-

durch erschöpft sich die Wurzel, und die Unkräuter bleiben schließlich aus
- im ersten Monatsdrittel zweijährige Sommerblumen wie Stiefmütterchen, Maßliebchen, Vergißmeinnicht, Goldlack, Malven und Bartnelken aussäen
- das Laub der Blumenzwiebeln soll vergilbt sein, wenn man sie aus der Erde nimmt; wird der Platz vorher schon benötigt, dann brauchen sie einen feuchten Erdeinschlag im Schatten; vor dem Einlagern sollen die Zwiebeln schattig und luftig abtrocknen können
- Narzissen können viele Jahre am selben Platz stehen bleiben; sie werden von Wühlmäusen gemieden; großblumige Tulpenhybriden sollten alle 2 Jahre den Standort wechseln
- Dahlien werden schöner, wenn von den Austrieben nur die drei stärksten stehen bleiben, alle anderen aber ausgebrochen werden
- Kletterpflanzen kontrollieren, ob ein Anheften oder Schnitt notwendig wird

Juli

- Unkraut auf Wegen und zwischen Platten kann man auch ohne Chemie mit kochendem Wasser oder einem Propangasbrenner wirkungsvoll vernichten
- gegen Monatsende ist Okulationszeit; Edelrosen kann man, wie auch dem Flieder, eine zweite Sorte einokulieren
- Schwertlilien teilen und pflanzen, weil sie nach einigen Jahren in der Mitte verkahlen; dazu
1. Rhizome ausheben, Erde abschütteln
2. kräftige Pflanze mit gesundem Rhizomstück abschneiden
3. an anderer Stelle (wichtig) wieder flach einpflanzen
- bei abgeblühten Stauden keinen Samenansatz dulden, da das die Pflanzen wesentlich schwächt
- Astilben, Heidekräuter und immergrüne Laubgehölze brauchen in Trockenperioden besonders viel Wasser
- Ohrwürmer, die Fraßfeinde von Blattläusen, werden durch strohgefüllte Blumentöpfe angelockt, da sie tagsüber einen dunklen, kühlen Platz aufsuchen; oft finden sie sich aber auch in den Blüten von Rosen, Dahlien, Studentenblumen und anderen ein, die oft stark durch ihren Fraß geschädigt werden können; der Schaden übersteigt hier den Nutzen

August

- Okulationen nach 3 Wochen überprüfen; fällt das Blattstielchen bei Berühren ab, so ist die Veredelung gelungen; wenn nicht, kann jetzt noch nachokuliert werden
- Nadelgehölzhecken schneiden
- Nadelgehölze, die man umpflanzen will, soll man jetzt tief mit dem Spaten am Rand abstechen, anschließend gut wässern; es bilden sich reichlich Faserwurzeln, die beim Verpflanzen im April den Ballen zusammenhalten
- wenn Madonnenlilien nicht blühen wollen, jetzt umpflanzen; Pflanzung siehe Lilien
- Kleopatranadel *(Eremurus)* in weißen und gelben Sorten in guter Sanddrainage 15 cm tief sternförmig pflanzen
- Herbstzeitlose 15 bis 20 cm tief pflanzen
- Zweijahresblumen (siehe Juni) ab der 2. Monatshälfte pflanzen
- Zierfrüchte an Gehölzen werden von Vögeln gerne genommen; Petroleum, fein versprüht, schadet den Pflanzen nicht, hält aber die Vögel fern
- bei Dahlien laufend verwelkte Blüten entfernen, damit der weitere Flor noch schöner wird
- gegen Monatsende ist beste Pflanzzeit für Nadelgehölze; der Christbaum, in einem Kübel gepflanzt, kann nach Weihnachten nach draußen gebracht werden
- Besuch der Schaugärten in Stauden-Spezialbetrieben, Baumschulen, Rosarien, Botanischen Gärten und gärtnerischen Lehranstalten; dort sind die Gartenpflanzen in ihrer natürlichen Ausdehnung zu besichtigen, die wir im Garten vielleicht noch pflanzen wollen; niemals nur nach Katalogen und Preislisten planen und kaufen

September

- Lilien pflanzen
- Blumenzwiebeln am besten bei trübem, regnerischem Wetter pflanzen; bei Hyazinthen aufpassen, daß der Wurzelkranz nicht verletzt wird
- letzter Pflanztermin für Zweijahresblumen
- Gladiolen vor der Welke vorsichtig ausheben; Brutknöllchen für die weitere Vermehrung gesondert aufbewahren; gut abtrocknen lassen
- auf Schneckenfraß achten
- Strohblumen erntet man knospig und hängt sie luftig und dunkel auf, ebenso Artischocken und Cardy; sie behalten ihre schöne blaue Farbe auch in getrocknetem Zustand
- Pelargonien (Geranien), Fuchsien, Heliotrop, Wandelröschen und andere Beetpflanzen überwintern besser, wenn man sie jetzt schon eintopft, aber noch draußen läßt

Oktober

- Nicht winterharte Blumenzwiebeln und Knollen aus der Erde nehmen, abschneiden und vor dem Einlagern gut abtrocknen lassen; Montbretien können draußen bleiben; sie bekommen nach dem ersten Frost (nicht früher) eine Laubdecke
- Pflanzung der Blumenzwiebeln beenden
- kurz vor oder während des Laubfalles ist die beste Zeit, Laubgehölze zu pflanzen; das Pflanzmaterial erwirbt man in einer Baumschule, die das Qualitätszeichen des Bundes deutscher Baumschulen (BdB) führen darf; dort beraten Fachleute
- bei der Gehölzpflanzung die Grenzabstände gemäß Nachbarrecht beachten; empfindliche Sträucher wie Sommerflieder (Buddleie), Edelginster, Geißklee, Waldrebe und Glyzinie pflanzt man besser im Frühjahr mit Topfballen
- Buschrosen taucht man vor der Pflanzung in einen Lehmbrei; die Veredelungsstelle muß 5 cm in den Boden
- bei Schnittarbeiten Wundversorgung nicht vergessen
- Laubzweige mit buntem Herbstlaub für haltbare Sträuße schneiden; in eine Lösung aus $2/3$ Wasser und $1/3$ Glyzerin einstellen

November

- Zäune karnickeldicht machen; sie richten sonst im kommenden Winter Schaden an Stauden und Gehölzen an
- Bodenuntersuchungen vornehmen lassen; der pH-Wert ist mit einfachen Geräten selbst zu ermitteln; er gibt Aufschluß, ob der Boden zuwenig oder (schlimmer) zuviel Kalk enthält; den Gehalt an Nährstoffen untersuchen spezielle Labors; Adressen siehe Anhang
- Laub und Fichtenreisig für den Winterschutz empfindlicher Pflanzen besorgen; Laub von Walnuß und Kastanie ist ungeeignet
- Pampasgras zusammenbinden; so weit abschneiden, daß eine große Tüte aus Dachpappe darüber paßt; Laubpackung über die Wurzeln; gegen Verwehungen mit Reisig schützen
- gegen Monatsende, spätestens jedoch vor Frosteintritt, Rhododendren und andere Immergrüne nochmals gründlich wässern; Fichtenreisig als Sonnenschutz über die Büsche legen
- Buschrosen nur so weit zurückschneiden, daß man Fichtenreiser zum Schutz gegen die Wintersonne auflegen kann
- die Waldrebe braucht eine Laubpackung am Fuß
- Dahlien und indisches Blumenrohr erst nach dem ersten Frost ins Haus holen
- für den Winterschutz der Hochstammrosen gibt es mehrere Möglichkeiten:
  1. Niederbiegen der Stämme, um die Krone mit Erde zu bedecken, ist nur bei jüngeren Stämmen durchführbar

2. Krone leicht zurückschneiden, langfaserige Holzwolle in der
   Krone verteilen, mit weitmaschigem Gewebe wie Schattenleinen, Vogelschutznetz oder auch Zwiebelsack zusammenhalten
3. kurze Fichtenreiser in die Krone stecken; 3 bis 4 lange Fichtenreiser an den Stielenden zusammenbinden und als Spitzhaube auf
   die Rosenkrone setzen

Dezember

- ab dem 4. Dezember Barbarazweige unter der Voraussetzung
  schneiden, daß schon Frost war
- größere Gehölze mit Frostballen verpflanzen; erst Pflanzgrube am
  neuen Standort ausheben; rund um den Baum, mindestens 30 cm,
  alle Wurzeln abstechen, am besten macht man einen Graben; wenn
  der Ballen hart gefroren ist, kann er gut an den neuen Standort
  transportiert werden
- auslichten der sommerblühenden Laubgehölze; keinen Schnitt vertragen Goldregen, Magnolie und Zaubernuß.

Im übrigen ist es jetzt Zeit, auf das verflossene Gartenjahr in Ruhe zurückzublicken,
über Fehler nachzudenken und – gleichgültig, ob es ein gutes oder weniger gutes Jahr
war – auch dankbar zu sein.

Adressen für Bodenuntersuchungen

Bayerische
Hauptversuchsanstalt
für Landwirtschaft

8050 Freising 12

Bodenuntersuchungsinstitut
Koldingen

3017 Pattensen 1

Institut für Bodenökologie
Am Teeberg 5

3111 Bohlsen

Landesanstalt
für Landwirtsch. Chemie
Emil-Wolff-Straße 14

7000 Stuttgart-Hohenheim

Landwirtsch. Untersuchungsamt
Rheinstraße 91

6100 Darmstadt

Landwirtsch. Untersuchungsamt
Am Versuchsfeld 13

3500 Kassel-Harleshausen

Landwirtsch. Untersuchungsamt
Luxburgstraße 4

8700 Würzburg

Landwirtsch. Untersuchungs-
und Forschungsanstalt
Weberstraße 61

5300 Bonn

Landwirtsch. Untersuchungs-
und Forschungsanstalt
Obere Langgasse 40

6720 Speyer

Stelzner GmbH
Postfach 230142

8500 Nürnberg 12

Weitere Adressen sind zu
erfragen bei:

Garten- bzw. Grünflächen-
ämtern
Landwirtschaftsämtern
Samenfachgeschäften

Beratungsstellen

Bund Deutscher Baumschulen
Postfach 1229

2080 Pinneberg
Tel. 04101/28015

Forschungsanstalt
von Lade-Straße 1

6222 Geisenheim
Tel. 06722/502256

Garten- und Friedhofsamt
Versuchs- und Beispielsanlage
Klingenweg

6000 Frankfurt am Main 60
Tel. 069/479994

Hessisches Landesamt
Elbinger Straße 1

6000 Frankfurt am Main 90
Tel. 069/771058

Landwirtschaftskammer
Rheinland
Pflanzenschutzamt Bonn
Endenicher Allee 60

5300 Bonn 1
Tel. 0228/376931

Lehr- und Versuchsanstalt
Oberzwehrener Straße

3500 Kassel
Tel. 0561/402034

Pflanzenschutzdienst
Friedrich-Wilhelm-von-Steuben-
Straße

6000 Frankfurt am Main
Tel. 069/775051

Weitere Beratungsstellen:

Örtliche Garten-
beziehungsweise
Grünflächenämter
Landwirtschaftsämter
Obst- und Gartenbauvereine
Beratungsstellen der
Pflanzenschutzmittelhersteller
Fachberatungen der
Kleingartenvereine

Register

Gesamt-Programm

Essen und Trinken

FALKEN EXKLUSIV
Kochen in höchster Vollendung
Aus vier Elementen ist alles zusammengefügt
(Theophrast). (4291) Von M. Wissing, M. Kirsch,
160 S., 230 Farbfotos, Leinen geprägt mit
Schutzumschlag, im Schuber,
DM 98,–, S 784.–

Köstliche Suppen
für jede Tages- und Jahreszeit. (5122) Von
E. Fuhrmann, 64 S., 38 Farbfotos, 2 Zeichnungen, Pappband. ●●

Was koche ich heute?
Neue Rezepte für Fix-Gerichte. (0608) Von A.
Badelt-Vogt, 112 S., 16 Farbtafeln, kart. ●

Kochen für 1 Person
Rationell wirtschaften, abwechslungsreich
und schmackhaft zubereiten. (0586) Von M.
Nicolin, 136 S., 8 Farbtafeln, 23 Zeichnungen,
kart. ●

Schnell und individuell
Die raffinierte Single-Küche
(4266) Von F. Faist, 160 S., 151 Farbfotos,
Pappband. ●●●

Gesunde Kost aus dem Römertopf
(0442) Von J. Kramer, 128 S., 8 Farbtafeln,
3 Zeichnungen, kart. ●

FALKEN-FEINSCHMECKER
Pasta in Höchstform
Nudeln
(0884) Von M. Kirsch, 64 S., 62 Farbfotos,
Pappband. ●

Nudelgerichte
lecker, locker, leicht zu kochen. (0466) Von
J. Stephan, 80 S., 8 Farbtafeln, kart. ●

Lieblingsrezepte
phantasievoll zubereitet und originell
dekoriert. (4234) Hrsg. P. Diller, 160 S., 120
Farbfotos, 34 Zeichnungen, Pappband. ●●●

FALKEN-FEINSCHMECKER
In Hülle und Fülle
Pasteten und Terrinen
(0883) Von M. Kirsch, 48 S., 62 Farbfotos,
Pappband. ●

FALKEN-FEINSCHMECKER
Spezialitäten unter knuspriger Decke
Aufläufe
(0882) Von C. Adam, 48 S., 33 Farbfotos,
Pappband. ●

Die besten Eintöpfe und Aufläufe
Das Beste aus den Kochtöpfen der Welt
(5079) Von A. und G. Eckert, 64 S., 50 Farbfotos, Pappband. ●●

FALKEN-FEINSCHMECKER
Herzhaftes für Leib und Seele
Eintöpfe
(0820) Von P. Klein, 48 S., 30 Farbfotos,
Pappband. ●

Schnell und gut gekocht
Die tollsten Rezepte für den Schnellkochtopf.
(0265) Von J. Ley, 96 S., 8 Farbtafeln, kart. ●

Kochen und backen im Heißluftherd
Vorteile, Gebrauchsanleitung, Rezepte.
(0516) Von K. Kölner, 72 S., 8 Farbtafeln,
kart. ●

Zaubern mit der schnellen Welle
Die neue Mikrowellenküche
(4289) Von F. Faist, 208 S., 188 Farbfotos,
Pappband. ●●●

Das neue Mikrowellen-Kochbuch
(0434) Von H. Neu, 64 S., 4 Farbtafeln,
16 s/w Zeichnungen, kart. ●

Ganz und gar mit Mikrowellen
(4094) Von T. Peters, 208 S., 24 Farbfotos,
12 Zeichnungen, kart. ●●●

FALKEN-FEINSCHMECKER
Schnell auf den Tisch gezaubert
Kochen mit Mikrowellen
(0818) Von A. Danner, 64 S., 52 Farbfotos,
Pappband. ●

Marmeladen, Gelees und Konfitüren
Köstlich wie zu Omas Zeiten – einfach selbstgemacht. (0720) Von M. Gutta, 32 S.,
23 Farbfotos, 1 Zeichnung, Pappband. ●

Einkochen
nach allen Regeln der Kunst. (0405) Von B.
Müller, 128 S., 8 Farbtafeln, kart. ●

Einkochen, Einlegen, Einfrieren
(4055) Von B. Müller, 152 S., 27 s/w-Abb.,
kart. ●●

FALKEN-FEINSCHMECKER
Goldbraun und knusprig
Fritierte Leckerbissen
(0868) Von F. Faist, 64 S., 47 Farbfotos,
Pappband. ●

Das neue Fritieren
geruchlos, schmackhaft und gesund. (0365)
Von P. Kühne, 96 S., 8 Farbtafeln, kart. ●

FALKEN-FEINSCHMECKER
Die Krönung der feinen Küche
Saucen
(0817) Von G. Cavestri, 48 S., 40 Farbfotos,
Pappband. ●

FALKEN-FEINSCHMECKER
Edler Kern in harter Schale
Meeresfrüchte
(0886) Von L. Grieser, 48 S., 52 Farbfotos,
Pappband. ●

FALKEN-FEINSCHMECKER
Von Tatar und falschen Hasen
Hackfleisch
(0866) Von A. und G. Eckert, 64 S., 42 Farbfotos, Pappband. ●

Mehr Freude und Erfolg beim Grillen
(4141) Von A. Berliner, 160 S., 147 Farbfotos,
10 farbige Zeichnungen, Pappband. ●●●

Grillen
Fleisch · Fisch · Beilagen · Soßen. (5001) Von
E. Fuhrmann, 64 S., 38 Farbfotos, Pappband.
●●

Chinesisch kochen
mit dem Wok-Topf und dem Mongolen-Topf.
(0557) Von C. Korn, 64 S., 8 Farbtafeln, kart. ●

Schlemmerreise durch die
Chinesische Küche
(4184) Von Kuo Huey Jen, 160 S., 117 Farbfotos, Pappband. ●●●

Nordische Küche
Speisen und Getränke von der Küste. (5082)
Von J. Kürtz, 64 S., 44 Farbfotos, Pappband.
●●

Deutsche Küche
Schmackhafte Gerichte von der Nordsee bis
zu den Alpen. (5025) Von E. Fuhrmann,
64 S., 52 Farbfotos, Pappband. ●●

Essen in Hessen
Spezialitäten zwischen Schwalm und Oden-
wald. (0837) Von R. Witt, 120 S.,
10 s/w-Zeichnungen, Pappband. ●●

Französisch kochen
Eine kulinarische Reise durch Frankreich.
(5016) Von M. Gutta, 64 S., 35 Farbfotos,
Pappband. ●●

Französische Küche
(0685) Von M. Gutta, 96 S., 16 Farbtafeln,
kart. ●

Französische Spezialitäten aus dem
Backofen
Herzhafte Tartes und Quiches mit Fleisch,
Fisch, Gemüse und Käse
(5146) Von P. Klein, 64 S., 43 Farbfotos,
Pappband. ●●

FALKEN-FEINSCHMECKER
Aus lauter Lust und Liebe
Knoblauch
(0867) Von L. Reinirkens, 64 S., 45 Farbfotos, Pappband. ●

Kochen und würzen mit **Knoblauch**
(0725) Von A. und G. Eckert, 64 S., 8 Farbtafeln, kart. ●

Schlemmerreise durch die
Italienische Küche
(4172) Von V. Pifferi, 160 S., 109 Farbfotos,
Pappband. ●●●

Pizza, Pasta und die feine italienische
Küche
(4270) Von R. Rudatis, 120 S., 255 Farbfotos, Pappband. ●●

Italienische Küche
Ein kulinarischer Streifzug mit regionalen
Spezialitäten. (5026) Von M. Gutta, 64 S.,
35 Farbfotos, Pappband. ●●

Köstliche Pizzas, Toasts, Pasteten
Schmackhafte Gerichte schnell zubereitet.
(5081) Von A. und G. Eckert, 64 S., 46 Farbfotos, Pappband. ●●

FALKEN-FEINSCHMECKER
Schlemmen wie bei Mamma Maria
Pizzas
(0815) Von F. Faist, 64 S., 62 Farbfotos,
Pappband. ●

Köstliche Pilzgerichte
Tips und Rezepte für die häufigsten Pilzgat-
tungen. (5133) Von V. Spicker-Noack, M.
Knoop, 64 S., 52 Farbfotos, Pappband. ●●

Köstliche Fondues
mit Fleisch, Geflügel, Fisch, Käse, Gemüse und
Süßem. (5006) Von E. Fuhrmann, 64 S.,
50 Farbfotos, Pappband. ●●

Fondues
und fritierte Leckerbissen. (0471) Von
S. Stein, 96 S., 8 Farbtafeln, kart. ●

Fondues · Raclettes · Flambiertes
(4081) Von R. Peiler und M.-L. Schult, 136 S.,
15 Farbtafeln, 28 Zeichnungen, kart. ●●

Neue, raffinierte Rezepte mit dem
Raclette-Grill
(0558) Von L. Helger, 56 S., 8 Farbtafeln,
kart. ●

FALKEN VERLAG

Postfach 1120 · D-6272 Niedernhausen/Ts.   Tel. 06127/7020 · Telex 4186585 fves d   1

Rezepte rund um Raclette und Doppeldecker
(0420) Von J. W. Hochscheid, 72 S., 8 Farbtafeln, kart. ●

Fondues und Raclettes
(4253) Von F. Faist, 160 S., 125 Farbfotos, Pappband. ●●●.

FALKEN-FEINSCHMECKER
Schmelzendes Käsevergnügen
Raclette
(0881) Von F. Faist, 48 S., 33 Farbfotos, Pappband. ●

Kulinarischer Feuerzauber
Flambieren
(4294) Von R. Wesseler, 120 S., 100 Farbfotos, Pappband. ●●●

Kochen und würzen mit
Paprika
(0792) Von A. und G. Eckert, 88 S., 8 Farbtafeln, kart. ●

Kleine Kalte Küche
für Alltag und Feste. (5097) Von A. und G. Eckert, 64 S., 45 Farbfotos, Pappband. ●●

Kalte Platten – Kalte Büfetts
rustikal bis raffiniert. (5015) Von M. Gutta, 64 S., 34 Farbfotos, Pappband. ●●

Kalte Happen und Partysnacks
Canapés, Sandwiches, Pastetchen, Salate und Suppen. (5029) Von D. Peters, 64 S., 44 Farbfotos, Pappband. ●

Garnieren und Verzieren
(4236) Von R. Biller, 160 S., 329 Farbfotos, 57 Zeichnungen, Pappband. ●●●

Desserts
Puddings, Joghurts, Fruchtsalate, Eis, Gebäck, Getränke. (5020) Von M. Gutta, 64 S., 41 Farbfotos, Pappband. ●●

FALKEN-FEINSCHMECKER
Süße Verführungen
Desserts
(0885) Von M. Bacher, 64 S., 75 Farbfotos, Pappband. ●

FALKEN-FEINSCHMECKER
Süße Geheimnisse eiskalt gelüftet
Eis und Sorbets
(0870) Von H. W. Liebheit, 48 S., 38 Farbfotos, Pappband. ●

Crêpes, Omeletts und Soufflés
Pikante und süße Spezialitäten. (5131) Von J. Rosenkranz, 64 S., 45 Farbfotos, Pappband. ●●

Kuchen und Torten
Die besten und beliebtesten Rezepte. (5067) Von M. Sauerborn, 64 S., 79 Farbfotos, Pappband. ●●

Tortenträume und Kuchenfantasien
Gebackene Köstlichkeiten originell dekoriert und verziert. (0823) Von F. Faist, 80 S., 150 Farbfotos, kart. ●●

Backen mit Lust und Liebe
(4284) Von M. Schumacher, R. Krake, 242 S., 348 Farbfotos, 18 farb. Vignetten, 3 vierseitige Ausklappblätter, Pappband. ●●●●

Schönes Hobby Backen
Erprobte Rezepte mit modernen Backformen. (0451) Von E. Blome, 96 S., 8 Farbtafeln, kart. ●

Backen, was allen schmeckt
Kuchen, Torten, Gebäck und Brot. (4166) Von E. Blome, 556 S., 40 Farbtafeln, Pappband. ●●●

Meine Vollkornbackstube
Brot · Kuchen · Aufläufe. (0616) Von R. Raffelt, 96 S., 4 Farbtafeln, 12 Zeichnungen, kart. ●

FALKEN-FEINSCHMECKER
Mit Körnern, Zimt und Mandelkern
Vollkorngebäck
(0816) Von M. Bustorf-Hirsch, 48 S., 39 Farbfotos, Pappband. ●

Biologisch Backen
Neue Rezeptideen für Kuchen, Brote, Kleingebäck aus vollem Korn. (4174) Von M. Bustorf-Hirsch, 136 S., 15 Farbtafeln, 47 Zeichnungen, kart. ●●

Selbst Brotbacken
Über 50 erprobte Rezepte. (0370) Von J. Schiermann, 80 S., 6 Zeichnungen, 4 Farbtafeln, kart. ●

Mehr Freude und Erfolg beim
Brotbacken
(4148) Von A. und G. Eckert, 160 S., 177 Farbfotos, Pappband. ●●●

Brotspezialitäten
knusprig backen – herzhaft kochen. (5088) Von J. W. Hochscheid und L. Helger, 64 S., 48 Farbfotos, Pappband. ●●

Weihnachtsbäckerei
Köstliche Plätzchen, Stollen, Honigkuchen und Festtagstorten. (0682) Von M. Sauerborn, 32 S., 36 Farbfotos, Pappband. ●

Waffeln
süß und pikant. (0522) Von C. Stephan, 64 S., 8 Farbtafeln, kart. ●

Kochen für Diabetiker
Gesund und schmackhaft für die ganze Familie. (4132) Von M. Toeller, W. Schumacher, A. C. Groote, 224 S., 109 Farbfotos, 94 Zeichnungen, Pappband. ●●●

Neue Rezepte für Diabetiker-Diät
Vollwertig – abwechslungsreich – kalorienarm. (0418) Von M. Oehlrich, 120 S., 8 Farbtafeln, kart. ●

Wer schlank ist, lebt gesünder
Tips und Rezepte zum Schlankwerden und -bleiben. (0562) Von R. Mainer, 80 S., 8 Farbtafeln, kart. ●

SLIM
Der neue, individuelle Schlankheitsplan (4277) Von Prof. Dr. E. Menden, W. Aign, 120 S., 440 Farbfotos, Pappband. ●●●

Kalorien – Joule
Eiweiß · Fett · Kohlenhydrate tabellarisch nach gebräuchlichen Mengen. (0374) Von M. Bormio, 88 S., kart. ●

Alles mit Joghurt
tagfrisch selbstgemacht. Mit vielen Rezepten. (0382) Von G. Volz, 88 S., 8 Farbtafeln, kart. ●

Gesund leben – schlank werden mit der
Bio-Kur
(0657) Von S. Winter, 144 S., 4 Farbtafeln, kart. ●

FALKEN-FEINSCHMECKER
Raffiniert und gesund würzen
Kräuterküche
(0869) Von A. Görgens, 48 S.,43 Farbfotos, Pappband. ●

Miekes Kräuter- und Gewürzkochbuch
(0323) Von I. Persy und K. Mieke, 96 S., 8 Farbtafeln, kart. ●

Das köstliche knackige Schlemmervergnügen.
Salate
(4165) Von V. Müller, 160 S., 80 Farbfotos, Pappband. ●●●

111 köstliche Salate
Erprobte Rezepte mit Pfiff. (0222) Von C. Schönherr, 96 S., 8 Farbtafeln, 30 Zeichnungen, kart. ●

FALKEN-FEINSCHMECKER
Köstlich frisch auf den Tisch
Rohkostsalate
(0865) Von C. Adam, 48 S., 26 Farbfotos, Pappband. ●

Joghurt, Quark, Käse und Butter
Schmackhaftes aus Milch hausgemacht. (0739) Von M. Bustorf-Hirsch, 32 S., 59 Farbabb., Pappband. ●

Optimale Ernährung
für Krafttraining und Bodybuilding (0912) Von B. Dahmen, 88 S., 8 Farbtafeln, 8 Zeichnungen, kart. ●

Die abwechslungsreiche Vollwertküche
Vitaminreich und naturbelassen kochen und backen. (4229) Von M. Bustorf-Hirsch, K. Siegel, 280 S., 31 Farbtafeln, 78 Zeichnungen, Pappband. ●●●●

Die feine Vollwertküche
(4286) Von M. Bustorf-Hirsch, 160 S., 83 Farbfotos, Pappband. ●●●

Meine Vollkornküche
Herzhaftes von echtem Schrot und Korn (0858) Von S. Walz, 128 S., 8 Farbtafeln, kart. ●

Alternativ essen
Die gesunde Sojaküche
(0553) Von U. Kolster, 112 S., 8 Farbtafeln, kart. ●

Kochen mit Tofu
Die gesunde Alternative. (0894) Von U. Kolster, 80 S., 8 Farbtafeln, kart. ●

Das Reformhaus-Kochbuch
Gesunde Ernährung mit hochwertigen Naturprodukten. (4180) Von A. und G. Eckert, 160 S. 15 Farbtafeln, Pappband. ●●●

Gesund kochen mit Keimen und Sprossen
(0794) Von M. Bustorf-Hirsch, 104 S., 8 Farbtafeln, 13 s/w-Zeichnungen, kart. ●

Die feine Vegetarische Küche
(4235) Von F. Faist, 160 S., 191 Farbfotos, Pappband. ●●●

Biologische Ernährung
für eine natürliche und gesunde Lebensweise (4125) Von G. Leibold, 136 S., 15 Farbtafeln, 47 Zeichnungen, kart. ●●

Gesunde Ernährung für mein Kind
(0776) Von M. Bustorf-Hirsch, 96 S., 8 Farbtafeln, 5 s/w Zeichnungen, kart. ●

Vitaminreich und naturbelassen
Biologisch Kochen
(4162) Von M. Bustorf-Hirsch und K. Siegel, 144 S., 15 Farbtafeln, 31 Zeichnungen, kart. ●●

Gesund kochen
wasserarm · fettfrei · aromatisch. (4060) Von M. Gutta, 240 S., 16 Farbtafeln, Pappband. ●●

Kräuter- und Heilpflanzen-Kochbuch
für eine gesunde Lebensweise. (4066) Von F. Pervenche, 344 S., 15 Farbtafeln, kart. ●●

Pralinen und Konfekt
Kleine Köstlichkeiten selbstgemacht. (0731) Von H. Engelke, 32 S., 57 Farbfotos, Pappband. ●●●

FALKEN VERLAG

Die Preise entsprechen dem Status beim Druck die

rt schmelzende Versuchungen
hokolade
819) Von J. Schroer, 48 S., 53 Farbfotos,
ppband. ●

stlichkeiten für Gäste und Feste
alte Platten
200) Von I. Pfliegner, 160 S., 130 Farb-
tos, Pappband. ●●●

chen für Gäste
stliche Menüs mit Liebe zubereitet.
149) Von R. Wesseler, 64 S., 40 Farbfotos,
ppband. ●●

as richtige Frühstück
sunde Vollwertkost vitaminreich und
turbelassen.
784) Von C. Kratzel und R. Böll, 32 S.,
 Farbfotos, Pappband. ●

cuse à la carte
anzösisch kochen mit dem Meister.
237) Von P. Bocuse, 88 S., 218 Farbfotos,
ppband. ●●

chschule mit Paul Bocuse
016/VHS, 6017/Video 2000, 6018/Beta),
 Min. in Farbe. ●●●●●*

tursammlers Kochbuch
ldfrüchte und Gemüse, Pilze, Kräuter – fin-
 und zubereiten. (4040) Von C. M. Kerler,
 S., 12 Farbtafeln, kart. ●●

cktails
267) Von W. R. Hoffmann, W. Hubert,
Lottring, 160 S., 164 Farbfotos,
/w-Foto, Pappband. ●●●

ue Cocktails und Drinks
t und ohne Alkohol. (0517) Von S. Späth,
 S., 4 Farbtafeln, kart., ●

xgetränke
t und ohne Alkohol (5017) Von C. Arius,
S., 35 Farbfotos, Pappband. ●●

cktails und Mixereien
 häusliche Feste und Feiern. (0075) Von J.
lker, 96 S., 4 Farbtafeln, kart. ●

e besten Punsche, Grogs und Bowlen
575) Von F. Dingden, 64 S., 4 Farbtafeln,
t. ●

ine und Säfte, Liköre und Sekt
bstgemacht. (0702) Von P. Arauner,
2 S., 76 Abb., kart. ●●

tbringsel aus meiner Küche
ost gemacht und liebevoll verpackt.
568) Von C. Schönherr, 32 S., 30 Farb-
os, Pappband. ●

einlexikon
ssenswertes über die Weine der Welt.
49) Von U. Keller, 228 S., 6 Farbtafeln,
5 s/w-Fotos, Pappband. ●●

Bgeliebter Tee
ten, Rezepte und Geschichten. (4114) Von
Maronde, 153 S., 16 Farbtafeln, 93 Zeich-
gen, Pappband. ●●●

e für Genießer.
ten · Riten · Rezepte. (0356) Von M. Nico-
64 S., 4 Farbtafeln, kart. ●

e
kunft · Mischungen · Rezepte. (0515) Von
Ruske, 96 S., 4 Farbtafeln, 16 s/w-Abbil-
gen, Pappband. ●●

der lernen spielend backen
10) Von M. Gutta, 64 S., 45 Farbfotos,
pband. ●●

der lernen spielend kochen
lingsgerichte mit viel Spaß selbst zubereitet
96) Von M. Gutta, 64 S., 45 Farbfotos,
pband. ●●

Komm, koch mit mir
Kunterbuntes Kochvergnügen für Kinder.
(4285) Von J. und H. Theilig, Illustrationen
von B. v. Hayek, 96 S., 48 Farbfotos, 350
Farb- und 1 s/w-Zeichnung, Pappband. ●●

Hobby

Aquarellmalerei
als Kunst und Hobby. (4147) Von H. Haack
und B. Wersche, 136 S., 62 Farbfotos,
119 Zeichnungen, Pappband. ●●●●

Aquarellmalerei
Materialien · Techniken · Motive.
(5099) Von T. Hinz, 64 S., 79 Farbfotos,
Pappband. ●●

Hobby Aquarellmalen
Landschaft und Stilleben
(0876) Von I. Schade, A. Brück, 80 S.,
111 Farbabbildungen, kart. ●●

Videokassette
Hobby Aquarellmalen
Landschaft und Stilleben (6022/VHS)
ca. 40 Min., in Farbe, ●●●●*

Aquarellmalerei leicht gelernt
Materialien · Techniken · Motive.
(0787) Von T. Hinz, R. Braun, B. Zeidler,
32 S., 38 Farbfotos, 1 Zeichnung, ●

Aquarellieren auf Seide
Materialien · Techniken · Motive.
(0917) Von I. Demharter, 64 S., 41 Farbfotos,
Pappband. ●●

Hobby Ölmalerei
Landschaft und Stilleben
(0875) Von H. Kämper, I. Becker, 80 S.,
93 Farbfotos, kart. ●●

Videokassette
Hobby Ölmalerei
Landschaft und Stilleben (6025/VHS)
ca. 40 Min., in Farbe, ●●●●*

Falken-Handbuch
Zeichnen und Malen
(4167) Von B. Bagnall, 336 S., 1154 Farbabb..
Pappband. ●●●●●

Naive Malerei
Materialien · Motive · Techniken. (5083) Von F.
Krettek, 64 S., 76 Farbfotos, Pappband. ●●

Bauernmalerei
als Kunst und Hobby. (4057) Von A. Gast und
H. Stegmüller, 128 S., 239 Farbfotos, 26 Riß-
Zeichnungen, Pappband. ●●●●

Hobby Bauernmalerei
(0436) Von S. Ramos und J. Roszak, 80 S.,
116 Farbfotos und 28 Motivvorlagen, kart.
●●

Bauernmalerei
Kreatives Hobby nach alter Volkskunst
(5039) Von S. Ramos, 64 S., 85 Farbfotos,
Pappband. ●●

Glasmalerei
als Kunst und Hobby. (4088) Von F. Krettek
und S. Beeh-Lustenberger, 132 S., 182 Farbfotos, 38 Motivvorlagen, Pappband. ●●●●

Naive Hinterglasmalerei
Materialien · Techniken · Bildvorlagen
(5145) Von F. Krettek, 64 S., 87 Farbfotos,
6 Zeichnungen, Pappband. ●●

Kalligraphie
Die Kunst des schönen Schreibens
(4263) Von C. Hartmann, 120 S., 44 Farbvor-
lagen, 29 s/w-Vorlagen, 2 s/w-Zeichnungen,
38 Farbfotos, Pappband. ●●●●

Seidenmalerei als Kunst und Hobby
(4264) Von S. Hahn, 136 S., 256 Farbfotos,
1 s/w-Foto, 34 Farbzeichnungen, Pappband.
●●●●

Kunstvolle Seidenmalerei
Mit zauberhaften Ideen zum Nachgestalten.
(0783) Von I. Demharter, 32 S., 56 Farbfotos, Pappband. ●

Zauberhafte Seidenmalerei
Materialien · Techniken · Gestaltungsvorschläge. (0664) Von E. Dorn, 32 S.,
62 Farbfotos, Pappband. ●

Hobby Seidenmalerei
(0611) Von R. Henge, 88 S., 106 Farbfotos,
28 Zeichnungen, kart. ●●

Hobby Stoffdruck und Stoffmalerei
(0555) Von A. Ursin, 80 S., 68 Farbfotos,
68 Zeichnungen, kart. ●●

Stoffmalerei und Stoffdruck
Materialien · Techniken · Ideen · Modelle
(5074) Von H. Gehring, 64 S., 110 Farbfotos,
Pappband. ●●

Batik
leicht gemacht. Materialien ·Färbetechniken ·
Gestaltungsideen. (5112) Von A. Gast, 64 S.,
105 Farbfotos, Pappband. ●●

Textilfärben
Färben so einfach wie Waschen. (0693) Von
W. Siegrist, P. Schärli, 32 S., 47 Farbfotos,
3 Zeichnungen, Spiralbindung. ●

Kreatives Bilderweben
Materialien – Vorlagen – Motive
(0814) Von A. Schulte-Huxel, 32 S., 58 Farbfotos, 8 Zeichnungen, Pappband. ●

Hobby Applikationen
Materialien · Techniken · Modelle.
(0899) Von H. Probst-Reinhardt, 80 S.,
92 Farbfotos, 31 Zeichnungen, kart. ●●

Flechten
mit Bast, Stroh und Peddigrohr. (5098) Von
H. Hangleiter, 64 S., 47 Farbfotos, 76 Zeichnungen, Pappband. ●●

Makramee
Knüpfarbeiten leicht gemacht. (5075) Von B.
Pröttel, 64 S., 95 Farbfotos, Pappband. ●●

Falken-Handbuch
Nähen
Abc der Nähtechniken und kreative Modell-
schneiderei in ausführlichen Schritt-für-
Schritt-Bildfolgen.
(4272) Von A. Bree, 320 S., 1142 Abbildun-
gen, Schnittmusterbogen für alle Modelle,
Pappband. ●●●●

Falken-Handbuch
Häkeln
ABC der Häkeltechniken und Häkelmuster in
ausführlichen Schritt-für-Schritt-Bildfolgen.
(4194) Von H. Fuchs, N. Natter, 288 S.,
597 Farbfotos, 476 farbige Zeichnungen.
Pappband. ●●●●

Häkeln
Schritt für Schritt für Rechts- und Linkshän-
der. (5134) Von H. Klaus, 64 S., 120 Farbfotos, 144 Zeichnungen, Pappband. ●●

Klöppeln
Schritt für Schritt leicht gelernt. (0788) Von
U. Seiffer, 32 S., 42 Farb-, 1 s/w-Foto, 25 Zeich-
nungen, mit Klöppelbriefen, Pappband. ●

Sticken
Schritt für Schritt für Rechts- und Linkshän-
der. (5135) Von U. Werner, 64 S., 196 Farbfotos, 96 Zeichnungen, Pappband. ●●

FALKEN VERLAG

Monogrammstickerei
Mit Vorlagen für Initialen, Vignetten und
Ornamente. (5148) Von H. Fuchs, 64 S.,
50 Farbfotos, 50 Zeichnungen, Pappband.
●●

Falken-Handbuch
Stricken
ABC der Stricktechniken und Strickmuster in
ausführlichen Schritt-für-Schritt-Bildfolgen.
(4137) Von M. Natter, 312 S., 106 Farb- und
922 s/w-Fotos, 318 Zeichnungen, Pappband.
●●●●

Bestrickend schöne Ideen
Pullover, Westen, Ensembles, Jacken
(4178) Von R. Weber, 208 S., 220 Farbfotos,
358 Zeichnungen, Pappband. ●●●

Chic in Strick
Neue Pullover
Westen · Jacken · Kleider · Ensembles.
(4224) Hrsg. R. Weber, 192 S., 255 Farbabb.,
Pappband. ●●●

Das moderne Standardwerk von der Expertin
Perfekt Stricken
Mit Sonderteil Häkeln
(4250) Von H. Jaacks, 256 S., 703 Farbfotos,
169 Farb- und 121 s/w-Zeichnungen,
Pappband. ●●●

Videokassette Stricken
(6007/VHS, 6008/Video 2000, 6009/Beta).
Von P. Krolikowski-Habicht, H. Jaacks,
51 Min., in Farbe. ●●●●*

Stricken
Schritt für Schritt für Rechts- und Links-
händer. (5142) Von S. Oelwein-Schefczik,
64 S., 148 Farbfotos, 173 Zeichnungen,
Pappband. ●●

Die schönsten Handarbeiten zum
Verschenken
(4225) Von B. Wenzelburger, 128 S.,
156 Farbfotos, 70 2-farbige Zeichnungen,
Pappband. ●●●

Kuscheltiere stricken und häkeln
Arbeitsanleitungen und Modelle. (0734) Von
B. Wehrle, 32 S., 60 Farbfotos, 28 Zeichnun-
gen, Spiralbindung. ●

Hobby Patchwork und Quilten
(0768) Von B. Staub-Wachsmuth, 80 S.,
108 Farbabb., 43 Zeichnungen, kart. ●●

Hobby Spitzencollagen
Bezaubernde Motive aus edlem Material.
(0847) Von H. Westphal, 80 S., 186 Farbfotos, kart. ●●

Textiles Gestalten
Weben, Knüpfen, Batiken, Sticken, Objekte
und Strukturen. (5123) Von J. Fricke, 136 S.,
67 Farb- und 189 s/w-Fotos, 15 Zeichnungen,
kart. ●●

Gestalten mit Glasperlen
fädeln · sticken · weben (0640) Von A. Köhler,
32 S., 55 Farbfotos, Spiralbindung. ●

Schmuck, Accessoires und Dekoratives
aus Fimo modelliert
(0873) Von A. Aurich, 32 S., 54 Farbfotos,
Pappband. ●

Phantasievolles Schminken
Verzauberte Gesichter für Maskeraden, Laien-
spiel und Kinderfeste. (0907) Hrsg. von Y. u.
H. Nadolny, 64 S., 227 Farbfotos, kart. ●●

Neue zauberhafte Salzteig-Ideen
(0719) Von I. Kiskalt, 80 S., 324 Farbfotos,
12 Zeichnungen, kart. ●●

Hobby Salzteig
(0662) Von I. Kiskalt, 80 S., 150 Farbfotos,
5 Zeichnungen, Schablonen, kart. ●●

Gestalten mit Salzteig
formen · bemalen · lackieren. (0613) Von
W.-U. Cropp, 32 S., 56 Farbfotos, 17 Zeichnungen, Pappband. ●

Originell und dekorativ
Salzteig mit Naturmaterialien
(0833) Von A. und H. Wegener, 80 S.,
166 Farbfotos, kart. ●●

Buntbemalte Kunstwerke aus Salzteig
Figuren, Landschaften und Wandbilder.
(5141) Von G. Belli, 64 S., 165 Farbfotos,
1 Zeichnung, Pappband. ●●

Kreatives Gestalten mit Salzteig
Originelle Motive für Fortgeschrittene.
(0769) Hrsg. I. Kiskalt, 80 S., 168 Farbfotos,
kart. ●●

Videokassette Salzteig
(6010/VHS, 6011/Video 2000, 6012/Beta)
Von I. Kiskalt, Dr. A. Teuchert, in Farbe,
ca. 35 Min. ●●●●●*

Tiffany-Spiegel selbermachen
Materialien · Arbeitsanleitung · Vorlagen.
(0761) Von R. Thomas, 32 S., 53 Farbfotos,
Pappband. ●

Tiffany-Schmuck selbermachen
Materialien · Arbeitsanleitungen · Modelle.
(0871) Von B. Poludniak, H. W. Scheib, 32 S.,
54 Farbfotos, 3 Zeichnungen, Pappband. ●

Tiffany-Lampen selbermachen
Arbeitsanleitung · Materialien · Modelle.
(0684) Von I. Spliethoff, 32 S., 60 Farbfotos,
Pappband. ●

Hobby Glaskunst in Tiffany-Technik
(0781) Von N. Köppel, 80 S., 194 Farbfotos,
6 s/w-Abb., kart., ●●

Origami –
Die Kunst des Papierfaltens. (0280) Von R.
Harbin, 160 S., 633 Zeichnungen, kart. ●

Hobby Origami
Papierfalten für groß und klein.
(0756) Von Z. Aytüre-Scheele, 88 S., über
800 Farbfotos, kart. ●●

Neue zauberhafte Origami-Ideen
Papierfalten für groß und klein.
(0805) Von Z. Aytüre-Scheele, 80 S.,
720 Farbfotos, kart. ●●

Weihnachtsbasteleien
(0667) Von M. Kühnle und S. Beck, 32 S.,
56 Farbfotos, 6 Zeichnungen, Pappband. ●

Bastelspaß mit der Laubsäge
Mit Schnittmusterbogen für viele Modelle in
Originalgröße. (0741) Von L. Giesche,
M. Bausch, 32 S., 61 Farbfotos, 7 Zeichnun-
gen, Schnittmusterbogen, Pappband. ●

Hobby Drachen
bauen und steigen lassen.
(0767) Von W. Schimmelpfennig, 80 S.,
1 dreiseitige Ausklapptafel, 55 Farbfotos,
139 Zeichnungen, kart. ●●

Falken-Heimwerker-Praxis
Tapezieren
(0743) Von W. Nitschke, 112 S., 186 Farbfotos, 9 Zeichnungen, kart. ●●

Falken-Heimwerker-Praxis
Anstreichen und Lackieren
(0771) Von P. Müller, 120 S., 186 Farbfotos,
2 s/w Fotos, 3 Zeichnungen, kart. ●●

Falken-Heimwerker-Praxis
Fahrrad-Reparaturen
(0796) Von R. van der Plas, 112 S., 140 Farbfotos, 113 farbige Zeichnungen, kart. ●●

Falken-Heimwerker-Praxis
Kleinmöbel aus Holz
(0905) Von O. Maier, 128 S., 210 Farbfotos,
80 Zeichnungen, kart. ●●

Falken-Handbuch
Heimwerken
Reparieren und Selbermachen in Haus und
Wohnung – über 1100 Farbfotos. Praktische
Tips vom Profi: Selbermachen, Reparieren,
Renovieren, Kostensparen. (4117) Von Th.
Pochert, 440 S., 1103 Farbfotos. 100 ein- u
zweifarbige Abb., Pappband. ●●●●

Feuerzeichen behaglicher Wohnkultur
Kachelöfen, Kamine und Kaminöfen
(4288) Hrsg. von C. Berninghaus. Von R.
Heinen, G. Kosicek, H. P. Sabborrosch, 168 S
291 Farbfotos, 2 s/w-Fotos, 8 Zeichnungen
Pappband. ●●●●●

Restaurieren von Möbeln
Stilkunde, Materialien, Techniken, Arbeitsanleitungen in Bildfolgen.
(4120) Von E. Schnaus-Lorey, 152 S.,
37 Farbfotos, 75 s/w Fotos, 352 Zeichnungen, Pappband. ●●●

Möbel aufarbeiten, reparieren und pfleg
(0386) Von E. Schnaus-Lorey, 96 S.,
28 Fotos, 101 Zeichnungen, kart., ●

Vogelhäuschen, Nistkästen, Vogeltränk
mit Plänen und Anleitungen zum Selbstbau
(0695) Von J. Zech, 32 S., 42 Farbfotos,
5 Zeichnungen, Pappband. ●

Strohschmuck selbstgebastelt
Sterne, Figuren und andere Dekorationen
(0740) Von E. Rombach, 32 S., 60 Farbfoto
17 Zeichnungen, Pappband. ●

Das Herbarium
Pflanzen sammeln, bestimmen und presser
(5113) Von I. Gabriel, 96 S., 140 Farbfotos,
Pappband. ●●

Gestalten mit Naturmaterialien
Zweige, Kerne, Federn, Muscheln und ande-
res. (5128) Von I. Krohn, 64 S., 101 Farbfot
11 farbige Zeichnungen, Pappband. ●●

Blütenbilder aus Blumen und Blätter
Phantasievolle Naturcollagen.
(0872) Von G. Schamp, 32 S., 57 Farbfoto
1 Zeichnung, Pappband. ●

Dauergestecke
mit Zweigen, Trocken- und Schnittblum
(5121) Von G. Vocke, 64 S., 57 Farbfotos,
Pappband. ●●

Ikebana
Einführung in die japanische Kunst des Blu
mensteckens. (0548) Von G. Vocke, 152 S.
47 Farbfotos, kart. ●

Blumengestecke im Ikebanastil
(5041) Von G. Vocke, 64 S., 37 Farbfotos,
viele Zeichnungen, Pappband. ●●

Hobby Trockenblumen
Gewürzsträuße, Gestecke, Kränze, Buketts
(0643) Von R. Strobel-Schulze, 88 S.,
170 Farbfotos, kart. ●●

Hobby Gewürzsträuße
und zauberhafte Gebinde nach Salzburger
Art. (0726) Von A. Ott, 80 S., 101 Farbfoto
51 farbige Zeichnungen, kart. ●●

Trockenblumen und Gewürzsträuße
(5084) Von G. Vocke, 64 S., 63 Farbfotos,
Pappband. ●●

Arbeiten mit Ton
Töpfern mit und ohne Scheibe.
(5048) Von J. Fricke, 128 S., 15 Farbtafeln
166 s/w-Fotos, kart. ●●

Töpfern
als Kunst und Hobby. (4073) Von J. Fricke
132 S., 37 Farbfotos, 222 s/w-Fotos,
Pappband. ●●●●

FALKEN VERLAG

Die Preise entsprechen dem Status beim Druck d

chöne Sachen modellieren
riginelles aus Cernit – ideenreich gestaltet.
762) Von G. Thelen, 32 S., 105 Farbfotos,
appband. ●

orzellanpuppen
auberhafte alte Puppen selbst nachbilden.
138) Von C. A. und D. Stanton, 64 S.,
3 Farbfotos, 22 Zeichnungen, Pappband.
●

auberhafte alte Puppen
ammeln · Restaurieren · Nachbilden
255) Von C. A. Stanton, J. Jacobs, 120 S.,
7 Farbfotos, 24 Zeichnungen, Pappband.
●●●

offpuppen
ebenswerte Modelle selbermachen.
150) Von I. Wolff, 56 S., 115 Farbfotos,
Zeichnungen, mit Schnittmusterbogen,
appband. ●●

obby Puppen
zaubernde Modelle selbst gestalten. (0742)
n B. Wenzelburger, 88 S., 163 Farbfotos,
Zeichnungen, 11 Schnittmuster, kart. ●●

ppen und Figuren aus Kunstporzellan
eßen, bemalen und gestalten. (0735) Von
Baumgarten, 32 S., 86 Farbfotos,
appband. ●

lbstgestrickte Puppen
aterialien und Arbeitsanleitungen.
638) Von B. Wehrle, 32 S., 23 Farbfotos,
Zeichnungen, Pappband. ●

korative Rupfenpuppen
beitsanleitungen und Gestaltungsvor-
hläge. (0733) Von B. Wenzelburger, 32 S.,
Farbfotos, 14 Zeichnungen, Spiralbindung.

antasiepuppen stricken und häkeln
ärchenhafte Modelle mit Arbeitsanleitun-
n. (0813) Von B. Wehrle, 32 S., 26 Farb-
tos, 30 einfarbige und 16 dreifarbige Zeich-
ngen, Pappband. ●

ißgeliebte Teddybären
bermachen · Sammeln · Restaurieren.
900) Von H. Nadolny, Y. Thalheim, 80 S.,
Farbfotos, 23 s/w-Zeichnungen, 14 S.
nittmusterbogen, kart. ●●

hritt für Schritt zum Scherenschnitt
terialien · Techniken · Gestaltungsvor-
läge. (0732) Von H. Klingmüller, 32 S.,
Farbfotos, 34 Vorlagen, Pappband. ●

ragentore selbst bemalt
hniken und Motive. (0786) Von H. u. Y.
dolny, 32 S., 24 Farbfotos, 12 s/w-Zeich-
ngen, Pappband. ●

e Jahre wieder…
vent und Weihnachten
steln – Backen – Schmücken – Singen –
lesen – Feiern
60) Von H. und Y. Nadolny, 256 S.,
Farbfotos, 130 Zeichnungen, Pappband.
●

Freizeit

Aktfotografie
Interpretationen zu einem unerschöpflichen Thema.
Gestaltung · Technik · Spezialeffekte. (0737) Von H. Wedewardt, 88 S., 144 Farb- und 6 s/w-Fotos, 6 Zeichnungen, kart. ●●

Videokassette Aktfotografie
Laufzeit ca. 60 Min. In Farbe. (6001/VHS, 6002/Video 2000, 6003/Beta) ●●●●●*

So macht man bessere Fotos
Das meistverkaufte Fotobuch der Welt. (0614) Von M. L. Taylor, 192 S., 457 Farbfotos, 15 Abb., kart. ●●

Falken-Handbuch **Trickfilmen**
Flach-, Sach- und Zeichentrickfilme – von der Idee zur Ausführung. (4131) Von H.-D. Wilden, 144 S., über 430 überwiegend farbige Abb., Pappband. ●●●●

Schmalfilmen
Ausrüstung · Aufnahmepraxis · Schnitt · Ton. (0342) Von U. Ney, 108 S., 4 Farbtafeln, 25 s/w-Fotos, kart. ●

Schmalfilme selbst vertonen
(0593) Von U. Ney, 96 S., 57 s/w-Fotos, 14 Zeichnungen, kart. ●

Fotografie – Das Schöne als Ziel
Zur Ästhetik und Psychologie der visuellen Wahrnehmung. (4122) Von E. Stark, 208 S., 252 Farbfotos, 63 Zeichnungen, Ganzleinen. ●●●●●

Videografieren
Filmen mit Video 8
Technik – Bildgestaltung – Schnitt – Vertonung. (0843) Von M. Wild und K. Möller, 120 S., 101 Farbfotos, 22 s/w-Fotos, 52 Zeichnungen, kart. ●●

Videokassette
Videografieren
Filmen mit Video 8
Technik – Bildgestaltung – Schnitt – Vertonung. (6031) VHS, (6033) Beta, (6034) Sony 8 mm, von M. Wild, 60 Min., in Farbe. ●●●●●*

Ferngelenkte Motorflugmodelle
bauen und fliegen. (0400) Von W. Thies, 184 S., mit Zeichnungen und Detailplänen, kart. ●●

Flugmodelle
bauen und einfliegen. (0361) Von W. Thies und W. Rolf, 160 S., 63 Abb., 7 Faltpläne, kart. ●●

Kleine Welt auf Rädern
Das faszinierende Spiel mit **Modelleisenbahnen** (4175) Von F. Eisen, 256 S., 72 Farb- und 180 s/w-Fotos, 25 Zeichnungen, Pappband. ●●●

Modelleisenbahnen im Freien
Mit Volldampf durch den Garten. (4245) Von F. Eisen, 96 S., 115 Farb-, 4 s/w-Fotos, 5 Zeichnungen, Pappband. ●●●

Videokassette
Die Modelleisenbahn
Anlagenbau in Modultechnik.
Neue kreative Gestaltung.
Neue raffinierte Techniken.
(6028) VHS, (6029) Video 2000, (6030) Beta, von J. Grahn, 30 Min., in Farbe. ●●●●*

Die Super-Eisenbahnen der Welt
(4287) Von W. Kosak, H. G. Isenberg, 224 S., 269 Farbfotos, 79 s/w-Fotos, 8 Vignetten, 5 farb. Ausklapptafeln, Pappband. ●●●●

Raketen auf Rädern
Autos und Motorräder an der Schallgrenze (4220) Von H. G. Isenberg, 96 S., 112 Farbfotos, 21 s/w-Fotos, Pappband. ●●●

Die rasantesten Rallyes der Welt
(4213) Von H. G. Isenberg und D. Maxeiner, 96 S., 116 Farbfotos, Pappband. ●●●

Trucks
Giganten der Landstraßen in aller Welt. (4222) Von H. G. Isenberg, 96 S., 131 Farbfotos, Pappband. ●●●

Die Super-Trucks der Welt
(4257) Von H. G. Isenberg, 194 S., 205 Farbfotos, 87 s/w-Fotos, 7 Farbzeichnungen, 4 Ausklapptafeln, Pappband. ●●●●

Ferngelenkte Elektroflugmodelle
bauen und fliegen. (0700) Von W. Thies, 144 S., 52 s/w-Fotos, 50 Zeichnungen, kart. ●●

Schiffsmodelle
selber bauen. (0500) Von D. und R. Lochner, 200 S., 93 Zeichnungen, 2 Faltpläne, kart. ●●

Dampflokomotiven
(4204) Von W. Jopp, 96 S., 134 Farbfotos, Pappband. ●●●

Ferngelenkte Segelflugmodelle
bauen und fliegen. (0446) Von W. Thies, 176 S., 22 s/w-Fotos, 115 Zeichnungen, kart. ●●

Motorrad-Hits
Chopper, Tribikes, Heiße Öfen. (4221) Von H. G. Isenberg, 96 S., 119 Farbfotos, Pappband. ●●●

Die Super-Motorräder der Welt
(4193) Von H. G. Isenberg, 192 S., 170 Farb- und 100 s/w-Fotos, 8 Zeichnungen, Pappband. ●●●●

Motorrad-Faszination
Heiße Öfen, von denen jeder träumt. (4223) Von H. G. Isenberg, 96 S., 103 Farb- und 20 s/w-Fotos, Pappband. ●●●

Münzen
Ein Brevier für Sammler. (0353) Von E. Dehnke, 128 S., 4 Farbtafeln, 17 s/w-Abb., kart. ●●

Astronomie als Hobby
Sternbilder und Planeten erkennen und benennen. (0572) Von D. Block, 176 S., 16 Farbtafeln, 49 s/w-Fotos, 93 Zeichnungen, kart. ●●

Astronomie im Bild
Unser Sternenhimmel rund ums Jahr
(0849) Von Dr. E. Übelacker, 88 S., 48 Farbfotos, 1 s/w-Foto, 68 Farbzeichnungen, kart. ●●

Gitarre spielen
Ein Grundkurs für den Selbstunterricht. (0534) Von A. Roßmann, 96 S., 1 Schallfolie, 150 Zeichnungen, kart. ●●●

Falken-Handbuch **Zaubern**
Über 400 verblüffende Tricks. (4063) Von F. Stutz, 368 S., 1200 Zeichnungen, Pappband. ●●●●

Zaubertricks für jedermann
(0282) Von J. Merlin, 176 S., 113 Abb., kart. ●●

Zaubern
einfach – aber verblüffend. (2018) Von D. Buoch, 84 S., 41 Zeichnungen, kart. ●

Magische Zaubereien
(0672) Von W. Widenmann, 64 S., 31 Zeichnungen, kart. ●

hier vorgestellten Bücher, Videokassetten und Software sind in folgende Preisgruppen unterteilt:

Preisgruppe bis DM 10,–/S 79,–
Preisgruppe über DM 10,– bis DM 20,– S 80,– bis S 160,–
●●● Preisgruppe über DM 20,– bis DM 30,– S 161,– bis S 240,–
●●●● Preisgruppe über DM 30,– bis DM 50,– S 241,– bis S 400,–
●●●●● Preisgruppe über DM 50,–/S 401,–
*(unverbindliche Preisempfehlung)

FALKEN VERLAG

Mit vollem Genuß
Pfeife rauchen
Alles über Tabaksorten, Pfeifen und Zubehör.
(4227) Von H. Behrens, H. Frickert, 168 S.,
127 Farbfotos, 18 Zeichnungen, Pappband.
●●●●

Mineralien, Steine und Fossilien
Grundkenntnisse für Hobby-Sammler. (0437)
Von D. Stobbe, 96 S., 16 Farbtafeln, 14 s/w-
Fotos, 10 Zeichnungen, kart. ●

Freizeit mit dem Mikroskop
(0291) Von M. Deckart, 132 S., 8 Farbtafeln,
64 s/w Abb., 2 Zeichnungen, kart. ●

Die Faszination der Philatelie
Briefmarken sammeln
(4273) Von D. Stein, 212 S., 124 s/w-Fotos,
24 Farbtafeln, Pappband. ●●●

Briefmarken
sammeln für Anfänger. (0481) Von D. Stein,
120 S., 4 Farbtafeln, 98 s/w-Abb., kart. ●

Wir lernen tanzen
Standard- und lateinamerikanische Tänze.
(0200) Von E. Fern, 168 S., 118 s/w-Fotos,
47 Zeichnungen, kart. ●

Fit mit **Tanzen**
(2303) Von K. Richter, H. Kleinow, 88 S.,
94 Farbfotos, kart. ●●

So tanzt man Rock'n'Roll
Grundschritte · Figuren · Akrobatik.
(0573) Von W. Steuer und G. Marz, 224 S.,
303 Abb., kart. ●●

Tanzen überall
Discofox, Rock'n'Roll, Blues, Langsamer
Walzer, Cha-Cha-Cha zum Selberlernen.
(0760) Von H. M. Pritzer, 112 S., 128 Farbfotos, kart. ●●

Videokassette **Tanzen überall**
Discofox, Rock'n'Roll, Blues. (6004/VHS,
6005/Video 2000, 6006/Beta) Von
H. M. Pritzer, G. Steinheimer, in Farbe,
ca. 45 Min. ●●●●●*

Anmutig und fit durch
Bauchtanz
(0911) Von Marta, 120 S., 229 Farbfotos,
6 s/w-Zeichnungen, kart. ●●

Schwarzwald-Romantik
Vom Zauber einer deutschen Landschaft.
(4232) Hrsg. A. Rolf, 184 S., 273 Farbfotos,
Pappband. ●●●

Sport

ZDF Sportjahr '87
Rekorde, Siege, Schicksale, Ergebnisse,
Termine '88
(4290) Hrsg. von B. Heller, 192 S., 278 Farb-
und 4 s/w-Fotos, kart. ●●

Judo
Grundlagen des Stand- und Bodenkampfes.
(4013) Von W. Hofmann, 244 S., 589 Fotos,
Pappband. ●●●

Neue Lehrmethoden der Judo-Praxis
(0424) Von P. Herrmann, 223 S., 475 Abb.,
kart. ●●

Judo
Grundlagen – Methodik. (0305) Von M. Ohgo,
208 S., 1025 Fotos, kart. ●●

Fußwürfe
für Judo, Karate und Selbstverteidigung.
(0439) Von H. Nishioka, 96 S., 260 Abb.,
kart. ●

Modernes Karate
Das große Standardwerk mit 2229 Abbildungen. (4280) Von T. Okazaki, Dr. med. M. V.
Stricevic, übers. von M. Pabst, 376 S.,
2279 Abbildungen, Pappband. ●●●●●

Karate für alle
Karate-Selbstverteidigung in Bildern. (0314)
Von A. Pflüger, 112 S., 356 s/w-Fotos, kart. ●

Karate für Frauen und Mädchen
Sport und Selbstverteidigung. (0425) Von A.
Pflüger, 168 S., 259 s/w-Fotos, kart. ●●

Nakayamas Karate perfekt 1
Einführung. (0487) Von M. Nakayama,
136 S., 605 s/w-Fotos, kart. ●●

Nakayamas Karate perfekt 2
Grundtechniken. (0512) Von M. Nakayama,
136 S., 354 s/w-Fotos, 53 Zeichnungen, kart.
●●

Nakayamas Karate perfekt 3
Kumite 1: Kampfübungen. (0538) Von
M. Nakayama, 128 S., 424 s/w-Fotos, kart.
●●

Nakayamas Karate perfekt 4
Kumite 2: Kampfübungen. (0547) Von
M. Nakayama, 128 S., 394 s/w-Fotos, kart.
●●

Nakayamas Karate perfekt 5
Kata 1: Heian, Tekki. (0571) Von
M. Nakayama, 144 S., 1229 s/w-Fotos, kart.
●●

Nakayamas Karate perfekt 6
Kata 2: Bassai-Dai, Kanku-Dai, (0600) Von
M. Nakayama, 144 S., 1300 s/w-Fotos,
107 Zeichnungen, kart. ●●

Nakayamas Karate perfekt 7
Kata 3: Jitte, Hangetsu, Empi. (0618) Von
M. Nakayama, 144 S., 1988 s/w-Fotos,
105 Zeichnungen, kart. ●●

Nakayamas Karate perfekt 8
Gankaku, Jion. (0650) Von M. Nakayama,
144 S., 1174 s/w-Fotos, 99 Zeichnungen, kart.
●●

Kontakt-Karate
Ausrüstung · Technik · Training. (0396) Von A.
Pflüger, 112 S., 238 s/w-Fotos, kart. ●●

Karate-Do
Das Handbuch des modernen Karate. (4028)
Von A. Pflüger, 360 S., 1159 Abb., Pappband.
●●●●

Bo-Karate
Kukishin-Ryu – die Techniken des Stock-
kampfes. ((0447) Von G. Stiebler, 176 S.,
424 s/w-Fotos, 38 Zeichnungen, kart. ●●

Karate I
Einführung · Grundtechniken. (0227) Von A.
Pflüger, 148 S., 195 s/w-Fotos, 120 Zeichnun-
gen, kart. ●

Karate II
Kombinationstechniken · Katas. (0239) Von
A. Pflüger, 176 S., 452 s/w-Fotos und Zeich-
nungen, kart. ●

Karate Kata 1
Heian 1-5, Tekki 1, Bassai Dai. (0683) Von
W.-D. Wichmann, 164 S., 703 s/w-Fotos,
kart. ●●

Karate Kata 2
Jion, Empi, Kanku-Dai, Hangetsu.
(0723) Von W.-D. Wichmann, 140 S.,
661 s/w-Fotos, 4 Zeichnungen, kart. ●●

25 Shotokan-Katas
Auf einen Blick: Karate-Katas für Prüfungen
und Wettkämpfe. (0859) Von A. Pflüger,
88 S., 185 s/w-Abbildungen, 26 ganzseitige
Tafeln mit über 1.600 Einzelschritten, kart.
●●

Videokassette **Karate**
Einführung und Grundtechniken.
(6037/VHS) Von A. Pflüger, ca. 45 Min.,
in Farbe, ●●●●●*

Ninja 1
Die Lehre der Schattenkämpfer. (0758) Von
S. K. Hayes, 144 S., 137 s/w-Fotos, kart. ●●

Ninja 2
Die Wege zum Shoshin (0763) Von
S. K. Hayes, 160 S., 309 s/w-Fotos, kart. ●●

Ninja 3
Der Pfad des Togakure-Kämpfers. (0764) Von
S. K. Hayes, 144 S., 197 s/w-Fotos, 2 Zeich-
nungen, kart. ●●

Ninja 4
Das Vermächtnis der Schattenkämpfer.
(0807) Von S. K. Hayes, 196 S., 466 s/w-
Fotos, kart. ●●

Der König des Kung-Fu
Bruce Lee
Sein Leben und Kampf. (0392) Von seiner
Frau Linda. 136 S., 104 s/w-Fotos, kart. ●●

Bruce Lees Kampfstil 1
Grundtechniken. (0473) Von B. Lee und M.
Uyehara, 109 S., 220 Abb., kart. ●

Bruce Lees Kampfstil 2
Selbstverteidigungs-Techniken. (0486) Von
Lee und M. Uyehara, 128 S., 310 Abb., kart.

Bruce Lees Kampfstil 3
Trainingslehre. (0503) Von B. Lee und
M. Uyehara, 112 S., 246 Abb., kart. ●

Bruce Lees Kampfstil 4
Kampftechniken. (0523) Von B. Lee und
M. Uyehara, 104 S., 211 Abb., kart. ●

Bruce Lees Jeet Kune Do
(0440) Von B. Lee, 192 S., mit 105 eigenhän-
digen Zeichnungen B. Lee, kart. ●●

Ju-Jutsu 1
Grundtechniken – Moderne Selbstvertei-
gung. (0276) Von W. Heim und F. J. Gresch.
164 S., 450 s/w-Fotos, 8 Zeichnungen, kart.

Ju-Jutsu 2
für Fortgeschrittene und Meister. (0378) Von
W. Heim und F. J. Gresch, 164 S., 798 s/w-
Fotos, kart. ●●

Ju-Jutsu 3
Spezial-, Gegen- und Weiterführungs-Techn
ken. (0485) Von W. Heim und F. J. Gresch,
214 S., über 600 s/w-Fotos, kart. ●●

Ju-Jutsu als Wettkampf
(0826) Von G. Kulot, 168 S., 418 s/w-Foto
2 Zeichnungen, kart. ●●

Nunchaku
Waffe · Sport · Selbstverteidigung. (0373)
Von A. Pflüger, 144 S., 247 Abb., kart. ●●

Shuriken · Tonfa · Sai
Stockfechten und andere bewaffnete Kam
sportarten aus Fernost. (0397) Von A. Sch
96 S., 253 s/w-Fotos, kart. ●●

**Illustriertes Handbuch des
Taekwondo**
Koreanische Kampfkunst und Selbstvertei
gung. (4053) Von K. Gil, 248 S., 1026 Abb.
Pappband. ●●●●

Taekwon-Do
Koreanischer Kampfsport. (0347) Von K.
152 S., 408 Abb., kart. ●●

Die hier vorgestellten Bücher, Videokassetten und Software sind in folgende Preisgruppen unterteilt:

● Preisgruppe bis DM 10,–/S 79,–
●● Preisgruppe über DM 10,– bis DM 20,–
   S 80,– bis S 160,–

●●● Preisgruppe über DM 20,– bis DM 30,–
   S 161,– bis S 240,–

●●●● Preisgruppe über DM 30,– bis DM
   S 241,– bis S 401.
●●●●● Preisgruppe über DM 50,–/S 401.
*(unverbindliche Preisempfehlung)

FALKEN VERLAG

Die Preise entsprechen dem Status beim Druck

Taekwondo perfekt 1
Die Formenschule bis zum Blaugurt.
(0890) Von K. Gil, Kim Chul-Hwan, 176 S.,
439 s/w-Fotos, 107 Zeichnungen, kart. ●●

Aikido
Lehren und Techniken des harmonischen
Weges. (0537) Von R. Brand, 280 S.,
697 Abb., kart. ●●

Kung-Fu und Tai-Chi
Grundlagen und Bewegungsabläufe. (0367)
Von B. Tegner, 182 S., 370 s/w-Fotos, kart.
●●

Kung-Fu
Theorie und Praxis klassischer und moderner
Stile. (0376) Von M. Pabst, 160 S., 330 Abb.,
kart. ●

Shaolin-Kempo – Kung-Fu
Chinesisches Karate im Drachenstil. (0395)
Von R. Czerni und K. Konrad. 246 S.,
723 Abb., kart. ●●

Hap Ki Do
Grundlagen und Techniken koreanischer
Selbstverteidigung. (0379) Von Kim Sou
Bong, 112 S., 153 Abb., kart. ●

Dynamische Tritte
Grundlagen für den Zweikampf. (0438) Von
C. Lee, 96 S., 398 s/w-Fotos, 10 Zeichnun-
gen, kart. ●

Kickboxen
Fitneßtraining und Wettkampfsport.
(0795) Von G. Lemmens, 96 S., 208 s/w-
Fotos, 23 Zeichnungen, kart. ●●

Selbstverteidigung
Abwehrtechniken für Sie und Ihn
(0853) Von E. Deser, 96 S., 259 s/w-Fotos,
kart. ●

Muskeltraining mit Hanteln
Leistungssteigerung für Sport und Fitness.
(0676) Von H. Schulz, 108 S., 92 s/w-Fotos,
2 Zeichnungen, kart. ●

Leistungsfähiger durch Krafttraining
Eine Anleitung für Fitness-Sportler, Trainer
und Athleten (0617) Von W. Kieser, 100 S.,
20 s/w-Fotos, 62 Zeichnungen, kart. ●

Die Faszination athletischer Körper
Bodybuilding
mit Weltmeister Ralf Möller
(4281) Von R. Möller, 128 S., 169 Farbfotos,
4 s/w-Fotos, 1 Farbzeichnung, Pappband.
●●●●

Bodybuilding
Anleitung zum Muskel- und Konditionstrai-
ning für sie und ihn. (0604) Von R. Smolana.
160 S., 171 s/w-Fotos, kart. ●

Hanteltraining zu Hause
(0800) Von W. Kieser, 80 S., 71 s/w-Fotos,
7 Zeichnungen, kart. ●

Fit und gesund
Körpertraining und Bodybuilding zu Hause.
(0782) Von H. Schulz, 80 S., 100 Farbfotos,
7 Zeichnungen, kart. ●

Videokassette Fit und gesund
VHS (6013), Video 2000 (6014), Beta (6015),
Laufzeit 30 Minuten, in Farbe. ●●●●*

Bodybuilding für Frauen
Wege zu Ihrer Idealfigur (0661) Von
I. Schulz, 108 S., 84 s/w-Fotos, 4 Zeichnun-
gen, kart. ●

Isometrisches Training
Übungen für Muskelkraft und Entspannung.
(0529) Von L. M. Kirsch, 140 S., 162 s/w-
Fotos, kart. ●

Spaß am Laufen
Jogging für die Gesundheit. (0470) Von
W. Sonntag, 140 S., 41 s/w-Fotos, 1 Zeich-
nung, kart. ●

Mein bester Freund, der Fußball
(5107) Von D. Brüggemann und D. Albrecht,
144 S., 171 Abb., kart. ●●

Fußball
Training und Wettkampf. (0448) Von H.
Obermann und P. Walz, 166 S., 92 s/w-Fotos,
15 Zeichnungen, 29 Diagramme, kart. ●●

Handball
Technik · Taktik · Regeln. (0426) Von
F. und P. Hattig, 128 S., 91 s/w-Fotos,
121 Zeichnungen, kart. ●●

Fit mit Volleyball
(2302) Von Dr. A. Scherer, 104 S., 27 Farb-
und 1 s/w-Foto, 12 Farb- und 29 s/w-Zeich-
nungen, kart. ●●

Volleyball
Technik · Taktik · Regeln. (0351) Von H. Huhle,
104 S., 330 Abb., kart. ●

Hockey
Technische und taktische Grundlagen.
(0398) Von H. Wein, 152 S., 60 s/w-Fotos,
30 Zeichnungen, kart. ●●

Eishockey
Lauf- und Stocktechnik, Körperspiel, Taktik,
Ausrüstung und Regeln, (0414) Von J. Čapla,
264 S., 548 s/w-Fotos, 163 Zeichnungen,
kart. ●●

Badminton
Technik · Taktik · Training.
(0699) Von K. Fuchs, L. Sologub, 168 S.,
51 Abb., kart. ●

Golf
Ausrüstung · Technik · Regeln. (0343) Von J.
C. Jessop, übersetzt von H. Biemer, mit einem
Vorwort von H. Krings, Präsident des
Deutschen Golf-Verbandes, 160 S., 65 Abb.,
Anhang Golfregeln des DGV, kart. ●●

Pool-Billard
(0484) Herausgegeben vom Deutschen Pool-
Billard-Bund, von M. Bach und K.-W. Kühn,
88 S., mit über 80 Abb., kart. ●

Sportschießen
für jedermann. (0502) Von A. Kovacic, 124 S.,
116 s/w-Fotos, kart. ●●

Fechten
Florett · Degen · Säbel. (0449) Von E. Beck,
88 S., 185 Fotos, 10 Zeichnungen, kart. ●●

Fibel für Kegelfreunde
Sport- und Freizeitkegeln · Bowling. (0191)
Von G. Bocsai, 72 S., 62 Abb., kart. ●

Beliebte und neue Kegelspiele
(0271) Von G. Bocsai, 92 S., 62 Abb., kart. ●

111 spannende Kegelspiele
(2031) Von H. Regulski, 88 S., 53 Zeichnungen, kart., ●

Ski-Gymnastik
Fit für Piste und Loipe. (0450) Von H. Pilss-
Samek, 104 S., 67 s/w-Fotos, 20 Zeichnun-
gen, kart. ●

Die neue Skischule
Ausrüstung · Technik · Trickskilauf · Gymnastik. (0369) Von C. und R. Kerler, 128 S.,
100 Abb., kart. ●

Skilanglauf, Skiwandern
Ausrüstung · Techniken · Skigymnastik.
(5129) Von T. Reiter und R. Kerler, 80 S.,
8 Farbtafeln, 85 Zeichnungen und s/w-Fotos,
kart. ●●

Alpiner Skisport
Ausrüstung · Techniken · Skigymnastik.
(5130) Von K. Meßmann, 128 S., 8 Farbtafeln, 93 s/ w-Fotos, 45 Zeichnungen,
kart. ●●

Die neue Tennis-Praxis
Der individuelle Weg zu erfolgreichem Spiel.
(4097) Von R. Schönborn, 240 S., 202 Farbzeichnungen, 31 s/w-Abb., Pappband. ●●●●

Erfolgreiche Tennis-Taktik
(4086) Von R. Ford Greene, übersetzt von
M. R. Fischer, 182 S., 87 Abb., kart. ●●

Moderne Tennistechnik
(4187) Von G. Lam, 192 S., 339 s/w-Fotos,
91 Zeichnungen, kart. ●●●

Tennis kompakt
Der erfolgreiche Weg zu Spiel, Satz und Sieg.
(5116) Von W. Taferner, 128 S., 82 s/w-Fotos,
67 Zeichnungen, kart. ●●

Tennis
Technik · Taktik · Regeln. (0375) Von
H. Elschenbroich, 112 S., 81 Abb., kart. ●

Tischtennis-Technik
Der individuelle Weg zu erfolgreichem Spiel.
(0775) Von M. Perger, 144 S., 296 Abb. kart.
●●

Squash
Ausrüstung · Technik · Regeln. (0539) Von
D. von Horn und H.-D. Stünitz, 96 S.,
55 s/w-Fotos, 25 Zeichnungen, kart. ●

Sporttauchen
Theorie und Praxis des Gerätetauchens.
(0647) Von S. Müßig, 144 S., 8 Farbtafeln,
35 s/w-Fotos, 89 Zeichnungen, kart., ●●

Windsurfing
Lehrbuch für Grundschein und Praxis.
(5028) Von C. Schmidt, 64 S., 60 Farbfotos,
Pappband. ●

Segeln
Der neue Grundschein – Vorstufe zum
A-Schein – Mit Prüfungsfragen. (5147) Von
C. Schmidt, 80 S., 8 Farbtafeln, 18 Farbfotos,
82 Zeichnungen, kart. ●

Sportfischen
Fische – Geräte – Technik. (0324) Von
H. Oppel, 144 S., 49 s/w-Fotos, 8 Farbtafeln,
kart. ●

Falken-Handbuch
Angeln
in Binnengewässern und im Meer. (4090) Von
H. Oppel, 344 S., 24 Farbtafeln, 66 s/w-
Fotos, 151 Zeichnungen, gebunden. ●●●●

Angeln
Kleine Fibel für den Sportfischer. (0198) Von
E. Bondick, 96 S., 116 Abb., kart. ●

Einführung in das Schachspiel
(0104) Von W. Wollenschläger und K. Colditz,
92 S., 116 Diagramme, kart. ●

Schach mit dem Computer
(0747) Von D. Frickenschmidt, 140 S.,
112 Diagramme, 29 s/w-Fotos, 5 Zeichnungen, kart. ●●

Spielend Schach lernen
(2002) Von T. Schuster, 128 S., kart. ●

Kinder- und Jugendschach
Offizielles Lehrbuch des Deutschen Schach-
bundes zur Erringung der Bauern-, Turm- und
Königsdiplome. (0561) Von B. J. Withuis und
H. Pfleger, 144 S., 220 Zeichnungen u. Dia-
gramme, kart. ●●

FALKEN VERLAG

Neue Schacheröffnungen
(0478) Von T. Schuster, 108 S., 100 Diagramme, kart. ●

Schach für Fortgeschrittene
Taktik und Probleme des Schachspiels.
(0219) Von R. Teschner, 96 S., 85 Diagramme, kart. ●

Taktische Schachendspiele
(0752) Von J. Nunn, 200 S., 151 Diagramme, kart. ●●

Schach-WM '85 Karpow – Kasparow.
Mit ausführlichen Kommentaren zu allen Partien. (0785) Von H. Pfleger, O. Borik, M. Kipp-Thomas, 128 S., zahlreiche Abb. und Diagramme, kart. ●●

Die Schach-Revanche
Kasparow/Karpow 1986. (0831) Von O. Borik, H. Pfleger, M. Kipp-Thomas, 144 S., 19 s/w-Fotos, 72 Diagramme, kart. ●●

Schachstrategie
Ein Intensivkurs mit Übungen und ausführlichen Lösungen. (0584) Von A. Koblenz, dt. Bearb. von K. Colditz, 212 S., 240 Diagramme, kart. ●●

Falken-Handbuch Schach
(4051) Von T. Schuster, 360 S., über 340 Diagramme, gebunden. ●●●●

Die besten Partien deutscher Schachgroßmeister
(4121) Von H. Pfleger, 192 S., 29 s/w-Fotos, 89 Diagramme, Pappband. ●●●

Turnier der Schachgroßmeister '83
Karpow · Hort · Browne · Miles · Chandler · Garcia · Rogers · Kindermann.
(0718) Von H. Pfleger, E. Kurz, 176 S., 29 s/w-Fotos, 71 Diagramme, kart. ●●

Lehr-, Übungs- und Testbuch der Schachkombinationen
(0649) Von K. Colditz, 184 S., 227 Diagramme, kart. ●●

Offizielles Lehrbuch des Deutschen Schachbundes
Das systematische Schachtraining
Trainingsmethoden, Strategien und Kombinationen. (0857) Von Sergiu Samarian, 152 S., 159 Diagramme, 1 Zeichnung, kart. ●●

So denkt ein Schachmeister
Strategische und taktische Analysen.
(0915) Von H. Pfleger, G. Treppner, 120 S., 75 Diagramme, kart. ●●

FALKEN-SOFTWARE
Das komplette Schachprogramm
Spielen, Trainieren, Problemlösen mit dem Computer. (7006) Von J. Egger, Diskette für C 64, C 128 PC, mit Begleitheft. ●●●●●*

Zug um Zug
Schach für jedermann
Offizielles Lehrbuch des Deutschen Schachbundes zur Erringung des Bauerndiploms.
(0648) Von H. Pfleger und E. Kurz, 80 S., 24 s/w-Fotos, 8 Zeichnungen, 60 Diagramme, kart. ●

Zug um Zug
Schach für jedermann 2
Offizielles Lehrbuch des Deutschen Schachbundes zur Erringung des Turmdiploms.
(0659) Von H. Pfleger und E. Kurz, 132 S., 8 s/w-Fotos, 14 Zeichnungen, 78 Diagramme, kart. ●

Zug um Zug
Schach für jedermann 3
Offizielles Lehrbuch des Deutschen Schachbundes zur Erringung des Königdiploms.
(0728) Von H. Pfleger, G. Treppner, 128 S., 4 s/w-Fotos, 84 Diagramme, 10 Zeichnungen, kart. ●

Schachtraining mit den Großmeistern
(0670) Von H. Bouwmeester, 128 S., 90 Diagramme, kart. ●●

Schach als Kampf
Meine Spiele und mein Weg. (0729) Von G. Kasparow, 144 S., 95 Diagramme, 9 s/w-Fotos, kart. ●●

Helmut Pflegers
Schachkabinett
Amüsante Aufgaben – überraschende Lösungen. (0877) Von H. Pfleger, 160 S., 118 Diagramme, kart. ●●

Spiele, Denksport, Unterhaltung

Kartenspiele
(2001) Von C. D. Grupp, 144 S., kart. ●

Neues Buch der siebzehn und vier Kartenspiele
(0095) Von K. Lichtwitz, 96 S., kart. ●

Alles über Pokern
Regeln und Tricks. (2024) Von C. D. Grupp, 112 S., 29 Kartenbilder, kart. ●

Rommé und Canasta
in allen Variationen. (2025) Von C. D. Grupp, 124 S., 24 Zeichnungen, kart. ●

Schafkopf, Doppelkopf, Binokel, Cego, Gaigel, Jaß, Tarock und andere „Lokalspiele".
(2015) Von C. D. Grupp, 152 S., kart. ●●

Spielend Skat lernen
unter freundlicher Mitarbeit des Deutschen Skatverbandes. (2005) Von Th. Krüger, 156 S., 181 s/w-Fotos, 22 Zeichnungen, kart. ●

Das Skatspiel
Eine Fibel für Anfänger. (0206) Von K. Lehnhoff, überarb. von P. A. Höfges, 96 S., kart. ●

Black Jack
Regeln und Strategien des Kasinospiels.
(2032) Von K. Kelbratowski, 88 S., kart. ●

Falken-Handbuch Patiencen
Die 111 interessantesten Auslagen. (4151) Von U. v. Lyncker, 216 S., 108 Abbildungen, Pappband. ●●●

Patiencen
in Wort und Bild. (2003) Von I. Wolter, 136 S., kart. ●

Neue Patiencen
(2036) Von H. Sosna, 160 S., 43 Farbtafeln, kart. ●●

Falken-Handbuch Bridge
Von den Grundregeln zum Turnierspiel.
(4092) Von W. Voigt und K. Ritz, 276 S., 792 Zeichnungen, gebunden. ●●●●

Spielend Bridge lernen
(2012) Von J. Weiss, 108 S., 58 Zeichnungen, kart. ●

Spieltechnik im Bridge
(2004) Von V. Mollo und N. Gardener, deutsche Adaption von D. Schröder, 216 S., kart. ●●

Besser Bridge spielen
Reiztechnik, Spielverlauf und Gegenspiel.
(2026) Von J. Weiss, 144 S., 60 Diagramme, kart. ●●

Herausforderung im Bridge
200 Aufgaben mit Lösungen. (2033) Von V. Mollo, 152 S., kart. ●

Präzisions-Treff im Bridge
(2037) Von E. Jannersten, 152 S., kart. ●●

Kartentricks
(2010) Von T. A. Rosee, 80 S., 13 Zeichnungen, kart. ●

Mah-Jongg
Das chinesische Glücks-, Kombinations- und Gesellschaftsspiel. (2030) Von U. Eschenbach 80 S., 30 s/w-Fotos, 5 Zeichnungen, kart. ●

Neue Kartentricks
(2027) Von K. Pankow, 104 S., 20 Abb., kart.

Backgammon
für Anfänger und Könner. (2008) Von G. W. Fink und G. Fuchs, 116 S., 41 Abb., kart. ●

Würfelspiele
für jung und alt. (2007) Von F. Pruss, 112 S., 21 s/w-Zeichnungen, kart. ●

Gesellschaftsspiele
für drinnen und draußen. (2006) Von H. Görz 128 S., kart. ●

Spiele für Party und Familie
(2014) Von Rudi Carrell, 160 S., 50 Abb., kart. ●

Das japanische Brettspiel Go
(2020) Von W. Dörholt, 104 S., 182 Diagramme, kart. ●

Roulette richtig gespielt
Systemspiele, die Vermögen brachten.
(0121) Von M. Jung, 96 S., zahlreiche Tabellen, kart. ●

Spielend Roulette lernen
(2034) Von E. P. Caspar, 152 S., 1 s/w-Foto, 45 Zeichnungen, kart. ●●

Denksport und Schnickschnack
für Tüftler und fixe Köpfe. (0362) Von J. Barto, 100 S., 45 Abb., kart. ●

Rätselspiele, Quiz- und Scherzfragen
für gesellige Stunden. (0577) Von K.-H. Schneider, 168 S., über 100 Zeichnungen, Pappband. ●●

Knobeleien und Denksport
(2019) Von K. Rechberger, 142 S., 105 Zeichnungen, kart. ●

Das Geheimnis der magischen Ringe
Alles über das Puzzle vom Würfel-Erfinde Die schönsten Figuren.
(0878) Von Dr. Ch. Bandelow, 96 S., 198 Zeichnungen, 8 Cartoons, kart. ●

Quiz
Mehr als 1500 ernste und heitere Fragen aus allen Gebieten. (0129) Von R. Sautter und W. Pröve, 92 S., 9 Zeichnungen, kart. ●

500 Rätsel selberraten
(0681) Von E. Krüger, 272 S., kart. ●

501 Rätsel selberraten
(0711) Von E. Krüger, 272 S., kart. ●

Riesen-Kreuzwort-Rätsel-Lexikon
über 250.000 Begriffe. (4197) Von H. Schie felbein, 1024 S., Pappband. ●●●

Das Super-Kreuzwort-Rätsel-Lexikon
Über 150.000 Begriffe. (4279) Von H. Schie felbein, 688 S., Pappband. ●●

Das große farbige Kinderlexikon
(4195) Von U. Kopp, 320 S., 493 Farbabb 17 s/w-Fotos, Pappband. ●●●

Die hier vorgestellten Bücher, Videokassetten und Software sind in folgende Preisgruppen unterteilt:

● Preisgruppe bis DM 10,–/S 79,–
●● Preisgruppe über DM 10,– bis DM 20,–
    S 80,– bis S 160,–

●●● Preisgruppe über DM 20,– bis DM 30,–
    S 161,– bis S 240,–

●●●● Preisgruppe über DM 30,– bis DM 50
    S 241,– bis S 400,
●●●●● Preisgruppe über DM 50,–/S 401,–
*(unverbindliche Preisempfehlung)

FALKEN VERLAG

Die Preise entsprechen dem Status beim Druck die

as große farbige
astelbuch für Kinder
4254) Von U. Barff, I. Burkhardt, J. Maier,
.24 S., 157 Farbfotos, 430 Farb- und
.9 s/w-Zeichnungen, Pappband. ●●●

unkt, Punkt, Komma, Strich
eichenstunden für Kinder. (0564) Von
. Witzig, 144 S., über 250 Zeichnungen,
art. ●

inmal grad und einmal krumm
eichenstunden für Kinder. (0599) Von
. Witzig, 144 S., 363 Abb., kart. ●

.inderspiele
ie Spaß machen. (2009) Von H. Müller-
tein, 112 S., 28 Abb., kart. ●

piele für Kleinkinder
2011) Von D. Kellermann, 80 S., 23 Abb.,
art. ●

piel und Spaß am Krankenbett
ür Kinder und die ganze Familie. (2035) Von
. Bücken, 104 S., 97 Zeichnungen, kart. ●

.asperletheater
pieltexte und Spielanleitungen · Basteltips
ür Theater und Puppen. (0641) Von U. Lietz,
36 S., 4 Farbtafeln, 12 s/w-Fotos, 39 Zeich-
ungen, kart. ●

ri-tra-trullalla
eue Texte mit Spielanleitungen fürs
asperletheater. (0681) Von U. Lietz, 96 S.,
3 s/w-Zeichnungen, kart. ●

indergeburtstag
orbereitung, Spiel und Spaß. (0287) Von Dr.
Obrig, 104 S., 40 Abb., 11 Zeichnungen,
Lieder mit Noten, kart. ●

indergeburtstage die keiner vergißt
anung, Gestaltung, Spielvorschläge.
0698) Von G. und G. Zimmermann, 102 S.,
0 Vignetten, kart. ●

inderfeste
aheim und in Gruppen. (4033) Von
. Blechner, 240 S., 320 Abb., kart. ●●

.cherzfragen, Drudel und Blödeleien
esammelt von Kindern. (0506) Hrsg. von W.
röve, 112 S., 57 Zeichnungen, kart. ●

omm mit ins Land der Lieder
as große Buch der Kinder-, Volks- und Chor-
eder. (4261) Hrsg. von H. Rauhe, 176 S.,
46 Farbzeichnungen, Pappband. ●●●

le schönsten Wander- und Fahrtenlieder
462) Hrsg. von F. R. Miller, empfohlen vom
eutschen Sängerbund, 80 S., mit Noten und
eichnungen, kart. ●

e schönsten Volkslieder
432) Hrsg. von D. Walther, 128 S.,
it Noten und Zeichnungen, kart. ●

eue Spiele für Ihre Party
022) Von G. Blechner, 120 S., 54 Zeichnun-
en, kart. ●

ustige Tanzspiele und Scherztänze
ar Parties und Feste. (0165) Von E. Bäulke,
0 S., 53 Abb., kart. ●

traßenfeste, Flohmärkte und Basare
aktische Tips für Organisation und Durch-
hrung. (0592) Von H. Schuster, 96 S.,
2 Fotos, 17 Zeichnungen, kart. ●●

Humor

Heitere Vorträge und witzige Reden
Lachen, Witz und gute Laune. (0149) Von
E. Müller, 104 S., 44 Abb., kart. ●

Tolle Sketche
mit zündenden Pointen – zum Nachspielen.
(0656) Von E. Cohrs, 112 S., kart. ●

Vergnügliche Sketche
(0476) Von H. Pillau, 96 S., mit 7 Zeichnungen, kart. ●

Heitere Vorträge
(0528) Von E. Müller, 128 S., 14 Zeichnungen,
kart. ●

Die große Lachparade
Neue Texte für heitere Vorträge und Ansagen.
(0188) Von E. Müller, 80 S., kart. ●

So feiert man Feste fröhlicher
Heitere Vorträge und Gedichte.
(0098) Von Dr. Allos, 96 S., 15 Abb., kart. ●

Lustige Vorträge für fröhliche Feiern
(0284) Von K. Lehnhoff, 96 S., kart. ●

Vergnügliches Vortragsbuch
(0091) Von J. Plaut, 192 S., kart. ●

Locker vom Hocker
Witzige Sketche zum Nachspielen.
(4262) Von W. Giller, 144 S., 41 Zeichnungen,
Pappband. ●●

Fidele Sketche und heitere Vorträge
Humor zum Nachspielen. (0157) Von
H. Ehnle. 96 S., kart. ●

Vorhang auf!
Neue Sketche für jung und alt.
(0898) Von H. Pillau, 96 S., 22 Zeichnungen,
kart. ●

Sketche und spielbare Witze
für bunte Abende und andere Feste. (0445)
Von H. Friedrich, 120 S., 7 Zeichnungen, kart. ●

Sketsche
Kurzspiele zu amüsanter Unterhaltung.
(0247) Von M. Gering, 132 S., 16 Abb., kart.,

Witzige Sketche zum Nachspielen
(0511) Von D. Halterworden, 160 S., kart. ●●

Gereimte Vorträge
für Bühne und Bütt. (0567) Von G. Wagner,
96 S., kart. ●

Damen in der Bütt
Scherze, Büttenreden, Sketsche.
(0354) Von T. Müller, 136 S., kart. ●

Narren in der Bütt
Leckerbissen aus dem rheinischen Karneval.
(0216) Zusammengestellt von T. Lücker,
112 S., kart. ●

Rings um den Karneval
Karnevalsscherze und Büttenreden. (0130)
Von Dr. Allos, 144 S., 2 Zeichnungen, kart. ●

Helau und Alaaf 1
Närrisches aus der Bütt.
(0304) Von E. Müller, 112 S., 4 Zeichnungen,
kart. ●

Helau und Alaaf 2
Neue Büttenreden.
(0477) Von E. Luft, 104 S., kart. ●

Helau und Alaaf 3
Neue Reden für die Bütt. (0832) Von
H. Fauser, 144 S., 13 Zeichnungen, kart. ●

Wir feiern Karneval
Festgestaltung und Reden für die närrische
Zeit.
(0904) Von M. Zweigler, 120 S., 4 Zeichnungen, kart. ●

Humor und Stimmung
Ein heiteres Vortragsbuch. (0460) Von
G. Wagner, 112 S., kart. ●

Humor und gute Laune
Ein heiteres Vortragsbuch. (0635) Von
G. Wagner, 112 S., 5 Zeichnungen, kart. ●

Das große Buch der Witze
(0384) Von E. Holz, 320 S., 36 Zeichnungen,
Pappband. ●●

Da lacht das Publikum
Neue lustige Vorträge für viele Gelegenheiten.
(0716) Von H. Schmalenbach, 104 S., kart. ●

Witzig, witzig
(0507) Von E. Müller, 128 S., 16 Zeichnungen,
kart. ●

Die besten Witze und Cartoons des Jahres 1
(0454) Hrsg. von K. Hartmann, 288 S.,
125 Zeichnungen, geb. ●●

Die besten Witze und Cartoons des Jahres 2
(0488) Hrsg. von K. Hartmann, 288 S.,
148 Zeichnungen, geb. ●●

Die besten Witze und Cartoons des Jahres 4
(0579) Hrsg. von K. Hartmann, 288 S.,
140 Zeichnungen, Pappband. ●●

Die besten Witze und Cartoons des Jahres 5
(0642) Hrsg. von K. Hartmann, 288 S.,
88 Zeichnungen, Pappband. ●●

Das Superbuch der Witze
(4146) Von B. Bornheim, 504 S.,
54 Cartoons, Pappband. ●●

Witze
Lachen am laufenden Band (4241) Von
J. Burkert, D. Kroppach, 400 S., 41 Zeich-
nungen, Pappband. ●●

Heller Wahnwitz
(0887) Von D. Kroppach, 220 S.,
200 Vignetten, kart. ●

Spaßvögel
Über sexhundert komische Nummern.
(0888) Von E. Zeller, mit Limericks von
W. Müller, 220 S., 200 Vignetten, kart. ●

Total bescheuert
Kinder- und Schülerwitze.
(0889) Von G. Geßner und E. Zeller, 220 S.,
200 Vignetten, kart. ●

Die besten Beamtenwitze
(0574) Hrsg. von W. Pröve, 112 S., 59 Cartoons, kart. ●

Die besten Kalauer
(0705) Von K. Frank, 112 S., 12 Zeichnungen,
kart., ●

Robert Lembkes Witzauslese
(0325) Von Robert Lembke, 160 S., 10 Zeichnungen, Hrsg. von E. Köhler, Pappband. ●

Fred Metzlers Witze mit Pfiff
(0368) Von F. Metzler, 112 S., kart. ●

O frivol ist mir am Abend
Pikante Witze von Fred Metzler. (0388) Von
F. Metzler, 128 S., mit Karikaturen, kart. ●

Herrenwitze
(0589) Von G. Wilhelm, 112 S., 31 Zeichnungen, kart. ●

Witze am laufenden Band
(0461) Von F. Asmussen, 118 S., kart. ●

Horror zum Totlachen
Gruselwitze
(0536) Von F. Lautenschläger, 96 S.,
44 Zeichnungen, kart. ●

Die besten Ostfriesenwitze
(0495) Hrsg. von O. Freese, 112 S., 17 Zeichnungen, kart. ●

---

e hier vorgestellten Bücher, Videokassetten und Software sind in folgende Preisgruppen unterteilt:

Preisgruppe bis   DM 10,–/S 79,–
● Preisgruppe über DM 10,– bis DM 20,–
S 80,– bis S 160,–

●●● Preisgruppe über DM 20,– bis DM 30,–
S 161,– bis S 240,–

●●●● Preisgruppe über DM 30,– bis DM 50,–
S 241,– bis S 400,–
●●●●● Preisgruppe über DM 50,–/S 401,–
*(unverbindliche Preisempfehlung)

zeichnisses (s. Seite 1) – Änderungen,   im besonderen der Preise, vorbehalten –   **9**

Die Kleidermotte ernährt sich von nichts, sie frißt nur Löcher
Stilblüten, Sprüche und Widersprüche aus Schule, Zeitung, Rundfunk und Fernsehen. (0738) Von P. Haas, D. Kroppach, 112 S., zahlr. Abb., kart. ●

Olympische Witze
Sportlerwitze in Wort und Bild. (0505) Von W. Willnat, 112 S., 126 Zeichnungen, kart. ●

Ich lach mich kaputt! Die besten Kinderwitze
(0545) Von E. Hannemann, 128 S., 15 Zeichnungen, kart. ●

Lach mit!
Witze für Kinder, gesammelt von Kindern. (0468) Hrsg. von W. Pröve, 128 S., 17 Zeichnungen, kart. ●

Die besten Kinderwitze
(0757) Von K. Rank, 120 S., 28 Zeichnungen, kart. ●

Lustige Sketche für Jungen und Mädchen
Kurze Theaterstücke für Jungen und Mädchen. (0669) Von U. Lietz und U. Lange, 104 S., kart. ●

Spielbare Witze für Kinder
(0824) Von H. Schmalenbach, 128 S., 30 Zeichnungen, kart. ●

Natur

Falken-Handbuch
Umweltschutz
Das Öko-Testbuch zur Eigeninitiative. (4160) Von M. Häfner, 352 S., 411 Farbf., 152 Farbzeichnungen, Pappband. ●●●●

Pilze
erkennen und benennen. (0380) Von J. Raithelhuber, 136 S., 110 Farbfotos, kart. ●●

Falken-Handbuch Pilze
Mit über 250 Farbfotos und Rezepten. (4061) Von M. Knoop, 276 S., 250 Farbfotos, Pappband. ●●●●

Garten heute
Der moderne Ratgeber · Über 1000 Farbbilder. (4283) Von H. Jantra, 384 S., über 1000 Farbabbildungen, Pappband. ●●●●

Das Gartenjahr
Arbeitsplan für den Hobbygärtner. (4075) Von G. Bambach, 152 S., 16 Farbtafeln, 141 Abb., kart. ●●

Gartenteiche und Wasserspiele
planen, anlegen und pflegen. (4083) Von H. R. Sikora, 160 S., 31 Farb- und 31 s/w-Fotos, 73 Zeichnungen, Pappband. ●●●

Wasser im Garten
Von der Vogeltränke zum Naturteich – Natürliche Lebensräume selbst gestalten. (4230) Von H. Hendel, P. Keßeler, 240 S., 247 Farbfotos, 68 Farbzeichnungen, Pappband. ●●●●●

Mein kleiner Gartenteich
planen – anlegen – pflegen (0851) Von I. Polaschek, 144 S., 85 Farbfotos, 10 Farbzeichnungen, kart. ●●

Gärtnern
(5004) Von I. Manz, 64 S., 38 Farbfotos, Pappband. ●●

Gärtner Gustavs Gartenkalender
Arbeitspläne · Pflanzenporträts · Gartenlexikon. (4155) Von G. Schoser, 120 S., 146 Farbfotos, 13 Tabellen, 203 farbige Zeichnungen, Pappband. ●●●

Ziersträucher und -bäume im Garten
(5071) Von I. Manz, 64 S., 91 Farbfotos, Pappband. ●●

Das Blumenjahr
Arbeitsplan für drinnen und draußen. (4142) Von G. Vocke, 136 S., 15 Farbtafeln, kart. ●●

Der richtige Schnitt von Obst- und Ziergehölzen, Rosen und Hecken
(0619) Von E. Zettl, 88 S., 8 Farbtafeln, 39 Zeichnungen, 21 s/w-Fotos, kart. ●

Blumenpracht im Garten
(5014) Von I. Manz, 64 S., 93 Farbfotos, Pappband. ●●

Blütenpracht in Haus und Garten
(4145) Von M. Haberer, u. a., 352 S., 1012 Farbfotos, Pappband. ●●●●

Sag's mit Blumen
Pflege und Arrangieren von Schnittblumen. (5103) Von P. Möhring, 64 S., 68 Farbfotos, 2 s/w-Abb., Pappband. ●●

Grabgestaltung
Bepflanzung und Pflege zu jeder Jahreszeit. (5120) Von N. Uhl, 64 S., 77 Farbfotos, 2 Zeichnungen, Pappband. ●●

Wintergärten
Das Erlebnis, mit der Natur zu wohnen. Planen, Bauen und Gestalten. (4256) Von LOG, ID, 136 S., 130 Farbfotos, 107 Zeichnungen, Pappband. ●●●

Häuser in lebendigem Grün
Fassaden und Dächer mit Pflanzen gestalten. (0846) Von U. Mehl, K. Werk, 88 S., 116 Farbfotos, 4 Farb- und 17 s/w-Zeichnungen, kart. ●●

Leben im Naturgarten
Der Biogärtner und seine gesunde Umwelt. (4124) Von N. Jorek, 128 S., 68 s/w-Fotos, kart. ●●

So wird mein Garten zum Biogarten
Alles über die Umstellung auf naturgemäßen Anbau. (0706) Von I. Gabriel, 128 S., 73 Farbfotos, 54 Farbzeichnungen, kart. ●●

Gesunde Pflanzen im Biogarten
Biologische Maßnahmen bei Schädlingsbefall und Pflanzenkrankheiten. (0707) Von I. Gabriel, 128 S., 126 Farbfotos, 12 Farbzeichnungen, kart. ●●

Kosmische Einflüsse auf unsere Gartenpflanzen
Sterne beeinflussen Wachstum und Gesundheit der Pflanzen. (0708) Von I. Gabriel, 112 S., 57 Farbfotos, 43 Farbzeichnungen, kart. ●●

Der Biogarten unter Glas und Folie
Ganzjährig erfolgreich ernten. (0722) Von I. Gabriel, 128 S., 62 Farbfotos, 45 Farbzeichnungen, kart. ●●

Obst und Beeren im Biogarten
Gesunde und schmackhafte Früchte durch natürlichen Anbau. (0780) Von I. Gabriel, 128 S., 38 Farbfotos, 71 Farbzeichnungen, kart. ●●

Neuanlage eines Biogartens
Planung, Bodenvorbereitung, Gestaltung. (0721) Von I. Gabriel, 128 S., 73 Farbfotos, 39 Zeichnungen, kart. ●●

Der biologische Zier- und Wohngarten
Planen, Vorbereiten, Bepflanzen und Pflegen. (0748) Von I. Gabriel, 128 S., 72 Farbfotos, 46 Farbzeichnungen, kart. ●●

Gemüse im Biogarten
Gesunde Ernte durch naturgemäßen Anbau (0830) Von I. Gabriel, 128 S., 26 Farbfotos, 86 Farbzeichnungen, kart. ●●

Erfolgreich gärtnern
durch naturgemäßen Anbau (4252) Von I. Gabriel, 416 S., 176 Farbfotos, 212 Farbzeichnungen, Pappband. ●●●

Das Bio-Gartenjahr
Arbeitsplan für naturgemäßes Gärtnern. (4169) Von N. Jorek, 128 S., 8 Farbtafeln, 70 s/w-Abb. kart. ●●

Selbstversorgung aus dem eigenen Anbau
Reichen Erntesegen verwerten und haltbar machen. (4182) Von M. Bustorf-Hirsch, M. Hirsch, 216 S., 270 Zeichnungen, Pappband. ●●●

Mischkultur im Nutzgarten
Mit Jahreskalender und Anbauplänen. (0651) Von H. Oppel, 112 S., 8 Farbtafeln, 23 s/w-Fotos, 29 Zeichnungen, kart. ●

Erfolgreich gärtnern mit Frühbeet und Folie
(0828) Von Dr. Gustav Schoser, 88 S., 8 Farbtafeln, 46 s/w-Fotos, kart. ●

Erfolgstips für den Gemüsegarten
Mit naturgemäßem Anbau zu höherem Ertrag. (0674) Von F. Mühl, 80 S., 30 s/w-Fotos, 4 Zeichnungen, kart. ●

Erfolgstips für den Obstgarten
Gesunde Früchte durch richtige Sortenwahl und Pflege. (0827) Von F. Mühl, 184 S., 16 Farbtafeln, 33 Zeichnungen, kart. ●●

Gemüse, Kräuter, Obst aus dem Balkongarten
– Erfolgreich ernten auf kleinstem Raum. (0694) Von S. Stein, 32 S., 34 Farbfotos, 6 Zeichnungen, Spiralbindung, kart. ●

Keime, Sprossen, Küchenkräuter
am Fenster ziehen – rund ums Jahr. (0658) Von F. und H. Jantzen, 32 S., 55 Farbfotos, Pappband. ●

Balkons in Blütenpracht
zu allen Jahreszeiten. (5047) Von N. Uhl, 64 S., 80 Farbfotos, Pappband. ●●

Kübelpflanzen
für Balkon, Terrasse und Dachgarten. (5132) Von M. Haberer, 64 S., 70 Farbfotos, Pappband. ●●

Kletterpflanzen
Rankende Begrünung für Fassade, Balkon und Garten. (5140) Von M. Haberer, 64 S., 70 Farbabb., 2 Zeichnungen, Pappband. ●●

Mein Kräutergarten rund ums Jahr
Täglich schnittfrisch und gesund würzen. (4192) Von Prof. Dr. G. Lysek, 136 S., 15 Farbtafeln, 91 Zeichnungen, kart. ●●

Blühende Zimmerpflanzen
94 Arten mit Pflegeanleitungen. (5010) Von R. Blaich, 64 S., 107 Farbfotos, Pappband. ●●

Prof. Stelzers grüne Sprechstunde
Gesunde Zimmerpflanzen
Krankheiten erkennen und behandeln · Mit neuem Diagnosesystem. (4274) Von Prof. C G. Stelzer, 192 S., 410 Farbfotos, 10 s/w-Zeichnungen, Pappband. ●●●

365 Erfolgstips für schöne Zimmerpflanzen
(0893) Von H. Jantra, 144 S., 215 Farbfotos, kart. ●●

Die hier vorgestellten Bücher, Videokassetten und Software sind in folgende Preisgruppen unterteilt:

● Preisgruppe bis DM 10,–/S 79,–
●● Preisgruppe über DM 10,– bis DM 20,– S 80,– bis S 160,–

●●● Preisgruppe über DM 20,– bis DM 30,– S 161,– bis S 240,–

●●●● Preisgruppe über DM 30,– bis DM 5C S 241,– bis S 400
●●●●● Preisgruppe über DM 50,–/S 401,–
*(unverbindliche Preisempfehlung)

Die Preise entsprechen dem Status beim Druck di

Videokassette
Pflanzenjournal
Blumen- und Pflanzenpflege im Jahreslauf.
(6036/VHS) ca. 30 Min., in Farbe, ●●●●*

Blütenpracht in Grolit 2000
Der neue, mühelose Weg zu farbenprächtigen
Zimmerpflanzen. (5127) Von G. Vocke, 64 S.,
50 Farbfotos, Pappband. ●●

Ziergräser
Über 100 Arten erfolgreich kultivieren.
(0829) Von H. Jantra, 104 S., 73 Farbfotos,
6 Farbzeichnungen, kart. ●●

Bonsai
Japanische Miniaturbäume und Miniaturland-
schaften. Anzucht, Gestaltung und Pflege.
(4091) Von B. Lesniewicz, 160 S., 106 Farbfotos, 46 s/w-Fotos, 115 Zeichnungen,
gebunden. ●●●●●

**Zimmerbäume, Palmen und andere
Blattpflanzen**
Standort, Pflege, Vermehrung, Schädlinge.
(5111) Von G. Schoser, 96 S., 98 Farbfotos,
7 Zeichnungen, Pappband. ●●

Biologisch zimmergärtnern
Zier- und Nutzpflanzen natürlich pflegen.
(4144) Von N. Jorek, 152 S., 15 Farbtafeln,
120 s/w-Fotos, Pappband. ●●

Zimmerpflanzen in Hydrokultur
Leitfaden für problemlose Blumenpflege.
(0660) Von H.-A. Rotter, 32 S., 76 Farbfotos,
8 farbige Zeichnungen, Pappband. ●

Sukkulenten
Mittagsblumen, Lebende Steine, Wolfsmilch-
gewächse u. a. (5070) Von W. Hoffmann,
64 S., 82 Farbfotos, Pappband. ●●

Kakteen und andere Sukkulenten
300 Arten mit über 500 Farbfotos. (4116)
Von G. Andersohn, 316 S., 520 Farbfotos,
193 Zeichnungen, Pappband. ●●●●

Fibel für Kakteenfreunde
(0199) Von H. Herold, 102 S., 23 Farbfotos,
37 s/w-Abb., kart. ●

Kakteen
Herkunft, Anzucht, Pflege, Arten. (5021) Von
W. Hoffmann, 64 S., 70 Farbfotos, Pappband.
●●
Faszinierende Formen und Farben

Kakteen
(4211) Von K. und F. Schild, 96 S., 127 Farbfotos, Pappband. ●●●

Falken-Handbuch **Orchideen**
Lebensraum, Kultur, Anzucht und Pflege.
(4231) Von G. Schoser, 144 S., 121 Farbfotos,
28 Farbzeichnungen, Pappband. ●●●

Falken-Handbuch **Katzen**
(4158) Von B. Gerber, 176 S., 294 Farb- und
88 s/w-Fotos, Pappband. ●●●●

DIE TIERSPRECHSTUNDE
Junge Katzen
(0862) Von Dr. med. vet. E. M. Bartenschla-
ger, 72 S., 40 Farbfotos, 4 Farbzeichnungen,
kart. ●

Katzen
Rassen · Haltung · Pflege. (4216) Von
B. Eilert-Overbeck, 96 S., 82 Farbfotos,
Pappband. ●●●

Das neue Katzenbuch
Rassen – Aufzucht – Pflege. (0427) Von
B. Eilert-Overbeck, 136 S., 14 Farbfotos,
26 s/w-Fotos, kart. ●

Katzenkrankheiten
Erkennung und Behandlung. Steuerung des
Sexualverhaltens. (0652) Von Dr. med. vet.
R. Spangenberg, 176 S., 64 s/w-Fotos,
4 Zeichnungen, kart. ●

Falken-Handbuch **Hunde**
(4118) Von H. Bielfeld, 176 S., 222 Farb-
und 73 s/w-Abb., Pappband. ●●●●

Hunde
Rassen · Erziehung · Haltung. (4209) Von
H. Bielfeld, 96 S., 101 Farbfotos, Pappband.
●●●

Das neue Hundebuch
Rassen · Aufzucht · Pflege. (0009) Von
W. Busack, überarbeitet von Dr. med. vet.
A. H. Hacker und H. Bielfeld, 112 S., 8 Farb-
tafeln, 27 s/w-Fotos, 6 Zeichnungen, kart. ●

Falken-Handbuch
Der Deutsche Schäferhund
(4077) Von U. Förster, 228 S., 160 Abb.,
Pappband. ●●●

Der Deutsche Schäferhund
Aufzucht, Pflege und Ausbildung. (0073) Von
A. Hacker, 104 S., 56 Abb., kart. ●

Dackel, Teckel, Dachshund
Aufzucht · Pflege · Ausbildung. (0508) Von
M. Wein-Gysae, 112 S., 4 Farbtafeln, 43 s/w-
Fotos, 2 Zeichnungen, kart. ●

Hundeausbildung
Verhalten – Gehorsam – Abrichtung. (0346)
Von Prof. Dr. R. Menzel, 96 S., 18 Fotos, kart. ●

Grundausbildung für Gebrauchshunde
Schäferhund, Boxer, Rottweiler, Dobermann,
Riesenschnauzer, Airedaleterrier, Hovawart
und Bouvier. (0801) Von M. Schmidt und W.
Koch, 104 S., 8 Farbtafeln, 51 s/w-Fotos,
5 s/w-Zeichnungen, kart. ●

Hundekrankheiten
Erkennung und Behandlung. Steuerung des
Sexualverhaltens. (0570) Von
Dr. med. vet. R. Spangenberg, 128 S.,
68 s/w-Fotos, 10 Zeichnungen, kart. ●

Falken-Handbuch **Pferde**
(4186) Von H. Werner, 176 S., 196 Farb-und
50 s/w-Fotos, 100 Zeichnungen, Pappband. ●

Wellensittiche
Arten · Haltung · Pflege · Sprechunterricht ·
Zucht. (5136) Von H. Bielfeld, 64 S., 59 Farb-
fotos, Pappband. ●●

Papageien und Sittiche
Arten · Pflege · Sprechunterricht.
(0591) Von H. Bielfeld, 112 S., 8 Farbtafeln,
kart. ●

DIE TIERSPRECHSTUNDE
Sittiche und kleine Papageien
(0864) Von Dr. med. vet. E. M. Bartenschla-
ger, 88 S., 84 Farbfotos, 9 Zeichnungen, kart. ●

Geflügelhaltung als Hobby
(0749) Von M. Baumeister, H. Meyer, 184 S.,
8 Farbtafeln, 47 s/w-Fotos, 14 Zeichnungen,
kart. ●●

DIE TIERSPRECHSTUNDE
Alles über Igel in Natur und Garten
(0810) Von Dr. med. vet. E. M. Bartenschla-
ger, 68 S., 51 Farbfotos, kart. ●

DIE TIERSPRECHSTUNDE
Alles über Meerschweinchen
(0809) Von Dr. med. vet. E. M. Bartenschla-
ger, 72 S., 43 Farbfotos, 11 Farbzeichnungen,
kart. ●

DIE TIERSPRECHSTUNDE
Tiere im Wassergarten
(0808) Von Dr. med. vet. E. M. Bartenschla-
ger, 96 S., 84 Farbfotos, 7 Zeichnungen, kart. ●

Das Süßwasser-Aquarium
Einrichtung · Pflege · Fische · Pflanzen.
(0153) Von H. J. Mayland, 152 S., 16 Farbtafeln, 43 s/w-Zeichnungen, kart. ●●

Falken-Handbuch
Süßwasser-Aquarium
(4191) Von H. J. Mayland, 288 S., 564 Farbfotos, 75 Zeichnungen, Pappband. ●●●●

Cichliden
Pflege, Herkunft und Nachzucht der wichtig-
sten Buntbarscharten. (5144) Von Jo in't
Veen, 96 S., 163 Farbfotos, Pappband. ●●

Gesundheit

Die Frau als Hausärztin
Der unentbehrliche Ratgeber für die Gesundheit. (4072) Von Dr. med. A. Fischer-Dückel-
mann, 808 S., 14 Farbtafeln, 146 s/w-Fotos,
203 Zeichnungen, Pappband. ●●●

Dr. Reitners großes Gesundheitslexikon
Mit über 5000 Stichwörtern.
(4282) Von Dr. med. H.-J. Lewitzka-Reitner,
in Zusammenarbeit mit P. Janknecht und U.
Kannapinn, 504 S., 424 s/w-Abbildungen,
Pappband. ●●

**Heiltees und Kräuter für die
Gesundheit**
(4123) Von G. Leibold, 136 S., 15 Farbtafeln,
16 Zeichnungen, kart. ●●

Falken-Handbuch **Heilkräuter**
Modernes Lexikon der Pflanzen und Anwendungen (4076) Von G. Leibold, 392 S.,
183 Farbfotos, 22 Zeichnungen, geb. ●●●●

Die farbige Kräuterfibel
Heil- und Gewürzpflanzen. (0245) Von
I. Gabriel, 196 S., 49 farbige und
97 s/w-Abb., kart. ●●

Falken-Handbuch **Bio-Medizin**
Alles über die moderne Naturheilpraxis.
(4136) Von G. Leibold, 552 S., 38 Farbfotos,
232 s/w-Abb., Pappband. ●●●●

Enzyme
Vitalstoffe für die Gesundheit. (0677) Von
G. Leibold, 96 S., kart. ●

Heilfasten
(0713) Von G. Leibold, 108 S., kart. ●

Besser leben durch Fasten
(0841) Von G. Leibold, 100 S., kart. ●

Kneippkuren zu Hause
(0779) Von G. Leibold, 112 S., 25 Zeichnungen, kart. ●

Krebsangst und Krebs behandeln
Mit einem Vorwort von Prof. Dr. med.
Friedrich Douwes. (0839) Von G. Leibold,
104 S., kart. ●

Allergien behandeln und lindern
Mit einem Vorwort von Prof. Dr. med. Axel
Stemmann. (0840) Von G. Leibold, 104 S.,
4 Zeichnungen, kart. ●

Die hier vorgestellten Bücher, Videokassetten und Software sind in folgende Preisgruppen unterteilt:

● Preisgruppe bis DM 10,–/S 79,–
●● Preisgruppe über DM 10,– bis DM 20,–
         S 80,– bis S 160,–

●●● Preisgruppe über DM 20,– bis DM 30,–
         S 161,– bis S 240,–

●●●● Preisgruppe über DM 30,– bis DM 50,–
         S 241,– bis S 400,–
●●●●● Preisgruppe über DM 50,–/S 401,–
*(unverbindliche Preisempfehlung)

FALKEN
VERLAG

...erzeichnisses (s. Seite 1) – Änderungen,   im besonderen der Preise, vorbehalten –   **11**

Rheuma behandeln und lindern
Mit einem Vorwort von
Dr. med. Max-Otto-Bruker
(0836) Von G. Leibold, 104 S., kart. ●

Die echte Schroth-Kur
(0797) Von Dr. med. R. Schroth, 88 S.,
2 s/w-Fotos, kart. ●

Streß bewältigen durch Entspannung
(0834) Von Dr. med. Chr. Schenk, 88 S.,
29 Zeichnungen, kart. ●

Gesundheit und Spannkraft durch Yoga
(0321) Von L. Frank und U. Ebbers, 112 S.,
50 s/w-Fotos, kart. ●

Yoga für jeden
(0341) Von K. Zebroff, 156 S., 135 Abb.,
Spiralbindung, ●●●

Yoga für Schwangere
Der Weg zur sanften Geburt. (0777) Von
V. Bolesta-Hahn, 108 S., 76 zweifarbige Abb.
kart. ●●

**Yoga gegen Haltungsschäden und
Rückenschmerzen**
(0394) Von A. Raab, 104 S., 215 Abb., kart. ●

Hypnose und Autosuggestion
Methoden – Heilwirkungen – praktische
Beispiele. (0483) Von G. Leibold, 120 S.,
9 Illustrationen, kart. ●

Gesund durch Gedankenenergie
Heilung im gemeinsamen Kraftfeld
(6035) Nur VHS, 45 Min., in Farbe ●●●●●*

Autogenes Training
Anwendung · Heilwirkungen · Methoden.
(0541) Von R. Faller, 128 S., 3 Zeichnungen,
kart. ●

**Die fernöstliche Fingerdrucktherapie
Shiatsu**
Anleitungen zur Selbsthilfe – Heilwirkungen.
(0615) Von G. Leibold, 196 S., 180 Abb., kart.
●●

Eigenbehandlung durch Akupressur
Heilwirkungen – Energielehre – Meridiane.
(0417) Von G. Leibold, 152 S., 78 Abb., kart. ●

Chinesische Naturheilverfahren
Selbstbehandlung mit bewährten Methoden
der physikalischen Therapie. Atemtherapie ·
Heilgymnastik · Selbstmassage · Vorbeugen ·
Behandeln · Entspannen. (4247) Von F. Tjoeng
Lie, 160 S., 292 zweifarbige Zeichnungen,
Pappband. ●●●

Chinesisches Schattenboxen
Tai-Ji-Quan
für geistige und körperliche Harmonie
(0850) Von F. T. Lie, 120 S., 221 s/w-Fotos,
9 s/w-Zeichnungen, Beilage: 1 s/w-Poster
mit zahlreichen Abbildungen, kart. ●●

Fit mit **Tai Chi**
als sanfte Körpererfahrung.
(2305) Von B. u. K. Moegling, 112 S.,
121 Farb- u. 4 s/w-Zeichnungen,
kart. ●●

Bauch, Taille und Hüfte gezielt formen durch
Aktiv-Yoga
(0709) Von K. Zebroff, 112 S., 102 Farbfotos,
kart. ●●

10 Minuten täglich Tele-Gymnastik
(5102) Von B. Manz und K. Biermann, 128 S.,
381 Abb., kart. ●●

Gesund und fit durch Gymnastik
(0366) Von H. Pilss-Samek, 132 S., 150 Abb.,
kart. ●

Stretching
Mit Dehnungsgymnastik zu Entspannung,
Geschmeidigkeit und Wohlbefinden. (0717)
Von H. Schulz, 80 S., 90 s/w-Fotos, kart. ●

Fit mit **Stretching**
(2304) Von B. Kurz, 96 S., 255 Farbfotos,
kart. ●●

Gesund und leistungsfähig durch
**Konditionsübungen, Fitneßtraining,
Wirbelsäulengymnastik**
(0844) Von R. Milser, K. Grafe, 104 S.,
99 Farbfotos, 12 Farbzeichnungen, 5 s/w-
Zeichnungen kart. ●●

Gesundheit durch altbewährte Kräuter-
rezepte und Hausmittel aus der
Natur-Apotheke
(4156) Von G. Leibold, 236 S., 8 Farbtafeln,
100 Zeichnungen, kart., ●●

**Diät bei Krankheiten des Magens und
Zwölffingerdarms**
Rezeptteil von B. Zöllner. (3201) Von Prof. Dr.
med. H. Kaess, 96 S., 4 Farbtafeln, kart. ●●

**Diät bei Herzkrankheiten und
Bluthochdruck**
Salzarme (natriumarme) Kost. Rezeptteil von
B. Zöllner. (3202) Von Prof. Dr. med.
H. Rottka, 92 S., 4 Farbtafeln, kart. ●●

**Diät bei Erkrankungen der Nieren, Harn-
wege und bei Dialysebehandlung**
Völlig überarbeitete Neuauflage,
durchgehend farbig bebildert.
Rezeptteil von B. Zöllner. (3203) Von Prof.
Dr. med. Dr. h. c. H. J. Sarre und Prof. Dr.
med. R. Kluthe, 96 S., 33 Farbfotos, 1 s/w-
Zeichnung, kart. ●●

Richtige Ernährung wenn man älter wird
Völlig überarbeitete Neuauflage,
durchgehend farbig bebildert.
Rezeptteil von B. Zöllner. (3204) Von Prof.
Dr. med. H.-J. Pusch, Dr. N. Zöllner und
Prof. Dr. G. Wolfram. 96 S., 36 Farbfotos und
3 s/w-Zeichnungen, kart. ●●

Diät bei Gicht und Harnsäuresteinen
Rezeptteil von B. Zöllner. (3205) Von Prof.
Dr. med. N. Zöllner, 80 S., 4 Farbtafeln, kart.
●●

Diät bei Zuckerkrankheit
Rezeptteil von B. Zöllner. (3206) Von Prof.
Dr. med. P. Dieterle, 80 S., 4 Farbtafeln, kart.
●●

**Diät bei Krankheiten der Gallenblase,
Leber und Bauchspeicheldrüse**
Rezeptteil von B. Zöllner. (3207) Von Prof.
Dr. med. H. Kasper, 88 S., 4 Farbtafeln, kart.
●●

**Diät bei Störungen des Fettstoffwechsels
und zur Vorbeugung der Arteriosklerose**
Rezeptteil von B. Zöllner. (3208) Von Prof.
Dr. med. G. Wolfram und Dr. med. O. Adam,
104 S., 4 Farbtafeln, kart. ●●

Diät bei Übergewicht
Völlig überarbeitete Neuauflage,
durchgehend farbig bebildert.
Rezeptteil von B. Zöllner. (3209) Von Prof.
Dr. med. Ch. Keller, 104 S., 38 Farbfotos,
kart. ●●

Diät bei Darmkrankheiten
Durchfall – Divertikulose, Reizdarm und
Darmträgheit – einheimische Sprue (Zöliakie)
– Disaccharidasemangel – Dünndarmresek-
tion – Dumping Syndrom. Rezeptteil von
B. Zöllner. (3211) Von Prof. Dr. med. G. Stroh-
meyer, 88 S., 4 Farbtafeln, kart. ●●

**Ballaststoffreiche Kost bei Funktionsstö-
rungen des Darms**
Rezeptteil von B. Zöllner. (3212) Von Prof. Dr.
med. H. Kasper, 96 S., 34 Farbfotos, 1 s/w-
Foto, kart. ●●

Bildatlas des menschlichen Körpers
(4177) Von G. Pogliani, V. Vannini, 112 S.,
402 Farbabb., 28 s/w-Fotos, Pappband,
●●●˙

Fußmassage
Reflexzonentherapie am Fuß (0714) Von G.
Leibold, 96 S., 38 Zeichnungen, kart. ●

Rheuma und Gicht
Krankheitsbilder, Behandlung, Therapieverfahren, Selbstbehandlung, richtige Lebensführung und Ernährung. (0712) Von Dr.
J. Höder, J. Bandick, 104 S., kart. ●

Diabetes
Krankheitsbild, Therapie, Kontrollen,
Schwangerschaft, Sport, Urlaub, Alltags-
probleme, Neueste Erkenntnisse der
Diabetesforschung.
(0895) Von Dr. med. H. J. Krönke, 116 S.,
4 Farbtafeln, 14 s/w-Fotos, 13 s/w-Zeichnun-
gen, kart. ●

Krampfadern
Ursachen, Vorbeugung. Selbstbehandlung,
Therapieverfahren. (0727) Von Dr. med. K.
Steffens, 96 S., 38 Abb., kart. ●

Gallenleiden
Krankheitsbilder, Behandlung, Therapie-
verfahren, Selbstbehandlung, Richtige
Lebensführung und Ernährung. (0673) Von
Dr. med. K. Steffens, 104 S., 34 Zeichnungen,
kart. ●

Asthma
Pseudokrupp, Bronchitis und Lungenemphy-
sem. (0778) Von Prof. Dr. med. W. Schmidt,
120 S., 56 Zeichnungen, kart. ●

Fastenkuren
Wege zur gesunden Lebensführung.
Rezepte und Tips für die Nachfastenzeit.
Kurzfasten · Saftfastenkuren · Fastenschalt-
tage · Heilfasten
(4248) Von Ha. A. Mehler, H. Keppler, 144 S.,
16 s/w-Fotos, 9 Zeichnungen, Pappband.
●●●

Aus dem Schatz der Naturmedizin
Heilkräuterkuren
(4268) Von Dr. med. E. Rauch, Dr. rer. nat.
P. Kruletz, 144 S., 49 Zeichnungen, kart. ●●

Vitamine und Ballaststoffe
So ermittle ich meinen täglichen Bedarf
(0746) Von Dr. med. Dr. M. Wagner, I. Bongartz,
96 S., 6 Farbabb., zahlreiche Tabellen, kart. ●

Darmleiden
Krankheitsbilder, Behandlung, Selbstbehandlung, Richtige Lebensführung und Ernährung.
(0798) Von Dr. med. K. Steffens, 112 S.,
46 Zeichnungen, kart. ●

Massage
(0750) Von B. Rumpler, K. Schutt, 112 S., 116
zweifarbige Zeichnungen, kart. ●●

Ratgeber Aids
Entstehung, Ansteckung, Krankheitsbilder,
Heilungschancen, Schutzmaßnahmen.
(0803) Von B. Baartman, Vorwort von Dr.
med. H. Jäger, 112 S., 8 Farbtafeln,
4 Grafiken, kart. ●

Wenn Kinder krank werden
Medizinischer Ratgeber für Eltern.
(4240) Von Dr. med. I. J. Chasnoff, B. Nees-
Delaval, 232 S., 163 Zeichnungen, Pappband.
●●●

Die hier vorgestellten Bücher, Videokassetten und Software sind in folgende Preisgruppen unterteilt:

● Preisgruppe bis DM 10,–/S 79,–
●● Preisgruppe über DM 10,– bis DM 20,–
S 80,– bis S 160,–

●●● Preisgruppe über DM 20,– bis DM 30,–
S 161,– bis S 240,–

●●●● Preisgruppe über DM 30,– bis DM 50,–
S 241,– bis S 400,–
●●●●● Preisgruppe über DM 50,–/S 401,–
*(unverbindliche Preisempfehlung)

FALKEN VERLAG

Die Preise entsprechen dem Status beim Druck dies

Ratgeber Lebenshilfe

Umgangsformen heute
Die Empfehlungen des Fachausschusses für Umgangsformen. (4015) 282 S., 160 s/w-Fotos, 25 Zeichnungen, Pappband. ●●●

Der gute Ton
Ein moderner Knigge. (0063) Von I. Wolter, 168 S., 38 Zeichnungen, 53 s/w-Fotos, kart. ●

Haushaltstips von A bis Z
(0759) Von A. Eder, 80 S., 30 Zeichnungen, kart. ●

Wir heiraten
Ratgeber zur Vorbereitung und Festgestaltung der Verlobung und Hochzeit. (4188) Von C. Poensgen, 216 S., 8 s/w-Fotos, 30 s/w-Zeichnungen, 8 Farbtafeln, Pappband. ●●

Der schön gedeckte Tisch
Vom einfachen Gedeck bis zur Festtafel stimmungsvoll und perfekt arrangiert (4246) Von H. Tapper, 112 S., 206 Farbabbildungen, 21 s/w-Abbildungen, Pappband. ●●●

Familienforschung · Ahnentafel · Wappenkunde
Wege zur eigenen Familienchronik. (0744) Von P. Bahn, 128 S., 8 Farbtafeln, 30 Abbildungen, kart. ●●

Die Kunst der freien Rede
Ein Intensivkurs mit vielen Übungen, Beispielen und Lösungen. (4189) Von G. Hirsch, 232 S., 11 Zeichnungen, Pappband. ●●●

Reden zur Taufe, Kommunion und Konfirmation
(0751) Von G. Georg, 96 S., kart. ●

Der richtige Brief zu jedem Anlaß
Das moderne Handbuch mit 400 Musterbriefen. (4179) Von H. Kirst, 376 S., Pappband. ●●●

Von der Verlobung zur Goldenen Hochzeit
(0393) Von E. Ruge, 120 S., kart. ●

Reden zur Hochzeit
Musteransprachen für Hochzeitstage. (0654) Von G. Georg, 112 S., kart. ●

Glückwünsche, Toasts und Festreden zur Hochzeit.
(0264) Von I. Wolter, 128 S., 18 Zeichnungen, kart. ●

Hochzeits- und Bierzeitungen
Muster, Tips und Anregungen. (0288) Von H.-J. Winkler, mit vielen Text- und Gestaltungsanregungen, 116 S., 15 Abb., 1 Musterzeitung, kart. ●

Kindergedichte zur Grünen, Silbernen und Goldenen Hochzeit
(0318) Von H.-J. Winkler, 104 S., 20 Abb., kart. ●

Kindergedichte für Familienfeste
(0860) Von B. H. Bull, 96 S., 20 Zeichnungen, kart. ●

Die Silberhochzeit
Vorbereitung · Einladung · Geschenkvorschläge · Dekoration · Festablauf · Menüs · Reden · Glückwünsche. (0542) Von K. F. Merkle, 120 S., 41 Zeichnungen, kart. ●

Großes Buch der Glückwünsche
(0255) Hrsg. von O. Fuhrmann, 176 S., 77 Zeichnungen und viele Gestaltungsvorschläge, kart. ●

Neue Glückwunschfibel
für Groß und Klein. (0156) Von R. Christian-Hildebrandt, 96 S., kart. ●

Glückwunschverse für Kinder
(0277) Von B. Ulrici, 80 S., kart. ●

Die Redekunst
Rhetorik · Rednererfolg (0076) Von K. Wolter, überarbeitet von Dr. W. Tappe, 80 S., kart. ●

Reden und Ansprachen
für jeden Anlaß. (4009) Hrsg. von F. Sicker, 454 S., gebunden. ●●●●

Reden zum Jubiläum
Musteransprachen für viele Gelegenheiten (0595) Von G. Georg, 112 S., kart. ●

Reden zum Ruhestand
Musteransprachen zum Abschluß des Berufslebens (0790) Von G. Georg, 104 S., kart. ●

Reden und Sprüche zu Grundsteinlegung, Richtfest und Einzug
(0598) Von A. Bruder, G. Georg, 96 S., kart. ●

Reden zu Familienfesten
Musteransprachen für viele Gelegenheiten. (0675) Von G. Georg, 108 S., kart. ●

Reden zum Geburtstag
Musteransprachen für familiäre und offizielle Anlässe. (0773) Von G. Georg, 104 S., kart. ●

Festreden und Vereinsreden
Ansprachen für festliche Gelegenheiten. (0069) Von K. Lehnhoff, E. Ruge, 88 S., kart. ●

Reden im Verein
Musteransprachen für viele Gelegenheiten. (0703) Von G. Georg, 112 S., kart., ●

Trinksprüche
Fest- und Damenreden in Reimen. (0791) Von L. Metzner, 88 S., 14 s/w-Zeichnungen, kart. ●

Trinksprüche, Richtsprüche, Gästebuchverse
(0224) Von D. Kellermann, 80 S., kart. ●

Ins Gästebuch geschrieben
(0576) Von K. H. Trabeck, 96 S., 24 Zeichnungen, kart. ●

Poesiealbumverse
Heiteres und Besinnliches. (0578) Von A. Göttling, 112 S., 20 Zeichnungen, Pappband. ●●

Verse fürs Poesiealbum
(0241) Von I. Wolter, 96 S., 20 Abb., kart. ●

Beliebte Verse fürs Poesiealbum
Rosen, Tulpen, Nelken . . . (0431) Von W. Pröve, 96 S., 11 Faksimile-Abb., kart. ●

Der Verseschmied
Kleiner Leitfaden für Hobbydichter. Mit Reimlexikon. (0597) Von T. Parisius, 96 S., 28 Zeichnungen, kart. ●

Moderne Korrespondenz
Handbuch für erfolgreiche Briefe. (4014) Von H. Kirst und W. Manekeller, 544 S., Pappband. ●●●●

Der neue Briefsteller
Musterbriefe für alle Gelegenheiten. (0060) Von I. Wolter-Rosendorf, 112 S., kart. ●

Geschäftliche Briefe
des Privatmanns, Handwerkers, Kaufmanns. (0041) Von A. Römer, 120 S., kart. ●

Behördenkorrespondenz
Musterbriefe – Anträge – Einsprüche. (0412) Von E. Ruge, 120 S., kart. ●

Musterbriefe
für alle Gelegenheiten. (0231) Hrsg. von O. Fuhrmann, 240 S., kart. ●

Privatbriefe
Muster für alle Gelegenheiten. (0114) Von I. Wolter-Rosendorf, 132 S., kart. ●

Briefe zu Geburt und Taufe
Glückwünsche und Danksagungen. (0802) Von H. Beitz, 96 S., 12 Zeichnungen, kart. ●

Briefe zum Geburtstag
Glückwünsche und Danksagungen (0822) Von H. Beitz, 104 S., 22 Zeichnungen, kart. ●

Briefe zur Hochzeit
Glückwünsche und Danksagungen (0852) Von R. Röngen, 96 S., 1 Zeichnung, 39 Vignetten, kart. ●

Briefe der Liebe
Anregungen für gefühlvolle und zärtliche Worte. (0903) Hrsg. von H. Beitz, 96 S., 4 Zeichnungen, kart. ●

Erfolgstips für den Schriftverkehr
Briefwechsel leicht gemacht durch einfachen Stil und klaren Ausdruck (0678) Von U. Schoenwald, 120 S., kart. ●

Worte und Briefe der Anteilnahme
(0464) Von E. Ruge, 128 S., mit vielen Abb., kart. ●

Reden in Trauerfällen
Musteransprachen für Beerdigungen und Trauerfeiern (0736) Von G. Georg, 104 S., kart. ●

Lebenslauf und Bewerbung
Beispiele für Inhalt, Form und Aufbau. (0428) Von H. Friedrich, 112 S., kart. ●

Erfolgreiche Bewerbungsbriefe und Bewerbungsformen.
(0138) Von W. Manekeller, 88 S., kart. ●

Die erfolgreiche Bewerbung
Bewerbung und Vorstellung. (0173) Von W. Manekeller, 156 S., kart. ●

Die Bewerbung
Der moderne Ratgeber für Bewerbungsbriefe, Lebenslauf und Vorstellungsgespräche. (4138) Von W. Manekeller, 264 S., Pappband. ●●

Vorstellungsgespräche
sicher und erfolgreich führen. (0636) Von H. Friedrich, 144 S., kart. ●

Keine Angst vor Einstellungstests
Ein Ratgeber für Bewerber. (0793) Von Ch. Titze, 120 S., 67 Zeichnungen, kart. ●

99 Alternativen für Umsteiger
Mehr Freude am Leben mit dem richtigen Beruf. (4251) Von H. Kreimer, P. Birkenmeier, 192 S., 143 Fotos, 46 Zeichnungen, kart. ●●●

So werde ich erfolgreich
Ratschläge und Tips für Beruf und Privatleben. (0918) Von H. Hans, 104 S., kart. ●●

Die ersten Tage am neuen Arbeitsplatz
Ratschläge für den richtigen Umgang mit Kollegen und Vorgesetzten (0855) Von H. Friedrich, 104 S., kart. ●

Zeugnisse im Beruf
richtig schreiben, richtig verstehen. (0544) Von H. Friedrich, 112 S., kart. ●

In Anerkennung Ihrer . . . ,
Lob und Würdigung in Briefen und Reden.
(0535) Von H. Friedrich, 136 S., kart. ●

Erfolgreiche Kaufmannspraxis
Wirtschaftliche Grundlagen, Geld, Kreditwesen, Steuern, Betriebsführung, Recht, EDV. (4046) Von W. Göhler, H. Gölz, M. Heibel, Dr. D. Machenheimer, 544 S., gebunden. ●●●●

FALKEN VERLAG

zeichnisses (s. Seite 1) – Änderungen, im besonderen die Preise, vorbehalten –

Wege zum Börsenerfolg
Aktien · Anleihen · Optionen
(4275) Von H. Krause, 252 S., 4 s/w-Fotos,
86 Zeichnungen, Pappband. ●●●

Mietrecht
Leitfaden für Mieter und Vermieter. (0479)
Von J. Beuthner, 196 S., kart. ●●

Familienrecht
Ehe – Scheidung – Unterhalt. (4190) Von T.
Drewes, R. Hollender, 368 S., Pappband.
●●●

**Erziehungsgeld, Mutterschutz,
Erziehungsurlaub**
Alles über das neue Recht für Eltern. Mit den
Gesetzestexten. (0835) Von J. Grönert,
144 S., kart. ●●

Scheidung und Unterhalt
nach dem neuen Eherecht. Mit dem Unter-
haltsänderungsgesetz 1986.
(0403) Von Rechtsanwalt H. T. Drewes,
112 S., mit Kosten- und Unterhaltstabellen,
kart. ●

**Präzise Ratschläge für
Ihre optimale Rente**
Vorbereitung · Berechnungsgrundlagen ·
Gesetzesänderungen · Individuelle Rechen-
beispiele. (0806) Von K. Möcks, 96 S.,
24 Formulare, 1 Graphik, kart. ●

Testament und Erbschaft
Erbfolge, Rechte und Pflichten der Erben.
Erbschafts- und Schenkungssteuer, Muster-
testamente. (4139) Von T. Drewes, R. Hollender, 304 S., Pappband. ●●●

Erbrecht und Testament
Mit Erläuterungen des Erbschaftssteuer-
gesetzes von 1974. (0046) Von Dr. jur.
H. Wandrey, 124 S., kart. ●

Endlich 18 und nun?
Rechte und Pflichten mit der Volljährigkeit.
(0646) Von R. Rathgeber, 224 S., 27 Zeichnungen, kart. ●●

Was heißt hier minderjährig?
(0765) Von R. Rathgeber, C. Rummel, 148 S.,
50 Fotos, 25 Zeichnungen, kart. ●●

**Erfolgreiche Bewerbung um einen
Ausbildungsplatz**
(0715) Von H. Friedrich, 136 S., kart. ●

Elternsache Grundschule
(0692) Hrsg. von K. Meynersen, 324 S., kart.
●●●

Sexualberatung
(0402) Von Dr. M. Röhl, 168 S., 8 Farbtafeln,
17 Zeichnungen, Pappband. ●●

Die Kunst des Stillens
nach neuesten Erkenntnissen
(0701) Von Prof. Dr. med. E. Schmidt/
S. Brunn, 112 S., 20 Fotos und Zeichnungen,
kart. ●

Wenn Sie ein Kind bekommen
(4003) Von U. Klamroth, Dr. med. H. Oster,
240 S., 86 s/w-Fotos, 30 Zeichnungen, kart.
●●●

**Der moderne Ratgeber
Wir werden Eltern**
Schwangerschaft · Geburt · Erziehung des
Kleinkindes. (4269) Von B. Nees-Delaval,
376 S., 335 zweifarbige Abbildungen,
Pappband. ●●●●

Vorbereitung auf die Geburt
Schwangerschaftsgymnastik, Atmung, Rück-
bildungsgymnastik. (0251) Von S. Buchholz,
112 S., 98 s/w-Fotos, kart. ●

Wie soll es heißen?
(0211) Von D. Köhr, 136 S., kart. ●

Das Babybuch
Pflege · Ernährung · Entwicklung. (0531) Von
A. Burkert, 128 S., 16 Farbtafeln,
38 s/w-Fotos, 30 Zeichnungen, kart. ●●

Wenn der Mensch zum Vater wird
Ein heiter-besinnlicher Ratgeber. (4259) Von
D. Zimmer, 160 S., 20 Zeichnungen.
Pappband. ●●

Die neue Lebenshilfe Biorhythmik
Höhen und Tiefen der persönlichen Lebens-
kurven vorausberechnen und danach handeln.
(0458) Von W. A. Appel, 157 S., 63 Zeichnungen, Pappband. ●

Neue Erkenntnisse zum Biorhythmus
Individuelle Rhythmogramme für Berufserfolg und Gesundheit. (4276) Von H. Bott,
Freizeit. Beilage: Tagesformplaner.
(4276) Von H. Bott, 144 S., 35 s/w-Zeichnun-
gen, Pappband. ●●

Vom Urkrümel zum Atompilz
Evolution – Ursache und Ausweg aus der
Krise. (4181) Von J. Voigt, 188 S., 20 Farb-
und 70 s/w-Fotos, 32 Zeichnungen, kart. ●●

Neues Denken – alte Geister
New Age unter der Lupe.
(4278) Von G. Myrell, Dr. W. Schmandt,
J. Voigt, 196 S., 54 Farbfotos, 3 Zeichnungen,
kart. ●●

Dinosaurier
und andere Tiere der Urzeit. (4219) Von
G. Alschner, 96 S., 81 Farbzeichnungen,
4 Fotos, Pappband. ●●

Der Sklave Calvisius
Alltag in einer römischen Provinz 150 n. Chr.
(4058) Von A. Ammermann, T. Röhrig,
G. Schmidt, 120 S., 99 Farbabb.,
47 s/w-Abb., Pappband. ●●

ZDF · ORF · DRS
Kompaß Jugend-Lexikon
(4096) Von R. Kerler, J. Blum, 336 S.,
766 Farbfotos, 39 s/w-Abb., Pappband.
●●●●

Psycho-Tests
– Erkennen Sie sich selbst. (0710) Von
B. M. Nash, R. B. Monchick, 304 S., 81 Zeich-
nungen, kart. ●●

FALKEN-SOFTWARE
Ego-Tests
Sich und andere besser erkennen und
verstehen. (7012) Diskette für IBM PC kompatible (MS DOS) mit Begleitheft. ●●●●●*

Falken-Handbuch **Astrologie**
Charakterkunde · Schicksal · Liebe und Beruf
Berechnung und Deutung von Horoskopen ·
Aszendententabelle. (4068) Von B. A. Mertz,
342 S., mit 60 erläuternden Grafiken,
Pappband. ●●●●

Die Magie der Zahlen
So nutzen Sie die Geheimnisse der Numerolo-
gie für Ihr persönliches Glück mit dem völlig
neuen Planetennumeroskop.
(4242) Von B. A. Mertz, 224 S., 36 Abbildungen, Pappband. ●●●

Selbst Wahrsagen mit Karten
Die Zukunft in Liebe, Beruf und Finanzen.
(0404) Von R. Koch, 112 S., 252 Abb.,
Pappband. ●●

Weissagen, Hellsehen, Kartenlegen . . .
Wie jeder die geheimen Kräfte ergründen und
für sich nutzen kann. (4153) Von G. Haddenbach, 192 S., 40 Zeichnungen, Pappband. ●●

Frauenträume, Männerträume
und ihre Bedeutung. (4198) Von G. Senger,
272 S., mit Traumlexikon, Pappband. ●●●

Wie Sie im Schlaf das Leben meistern · ·
Schöpferisch träumen
Der Klartraum als Lebenshilfe.
(4258) Von Prof. Dr. P. Tholey, K. Utecht,
256 S., 1 s/w-Foto. 20 Zeichnungen,
Pappband. ●●●

Wahrsagen mit Tarot-Karten
(0482) Von E. J. Nigg, 112 S., 4 Farbtafeln,
52 s/w-Abb., Pappband. ●●

Aztekenhoroskop
Deutung von Liebe und Schicksal nach dem
Aztekenkalender. (0543) Von C.-M. und R.
Kerler, 160 S., 20 Zeichnungen, Pappband. ●

Was sagt uns das Horoskop?
Praktische Einführung in die Astrologie.
(0655) Von B. A. Mertz, 176 S., 25 Zeichnungen, kart. ●

Das Super-Horoskop
Der neue Weg zur Deutung von Charaker,
Liebe und Schicksal nach chinesischer und
abendländischer Astrologie. (0465) Von
G. Haddenbach, 175 S., kart. ●

**Liebeshoroskop für die
12 Sternzeichen**
Alles über Chancen, Beziehungen, Erotik,
Zärtlichkeit, Leidenschaft. (0587) Von
G. Haddenbach, 144 S., 11 Zeichnungen, kart.
●

Die 12 Sternzeichen
Charakter, Liebe und Schicksal. (0385) Von
G. Haddenbach, 160 S., Pappband. ●

**Die 12 Tierzeichen im chinesischen
Horoskop**
(0423) Von G. Haddenbach, 128 S.,
Pappband. ●

Sternstunden
für Liebe, Glück und Geld, Berufserfolg und
Gesundheit. Das ganz persönliche Mitbringsel
für Widder (0621), Stier (0622), Zwillinge
(0623), Krebs (0624), Löwe (0625), Jungfrau
(0626), Waage (0627), Skorpion (0628),
Schütze (0629), Steinbock (0630), Wasser-
mann (0631), Fische (0632) Von L. Cancer,
62 S., durchgehend farbig, Zeichnungen,
Pappband. ●

So deutet man Träume
Die Bildersprache des Unbewußten. (0444)
Von G. Haddenbach, 160 S., Pappband. ●

Die Familie im Horoskop
Glück und Harmonie gemeinsam erleben –
Probleme und Gegensätze verstehen und
tolerieren. (4161) Von B. A. Mertz, 296 S.,
40 Zeichnungen, kart. ●●

**Erkennen Sie Psyche und Charakter durch
Handdeutung**
(4176) Von B. A. Mertz, 252 S., 9 s/w-Fotos,
160 Zeichnungen, Pappband. ●●●●

Falken-Handbuch **Kartenlegen**
Wahrsagen mit Tarot-, Skat-, Lenormand-
und Zigeunerblättern.
(4226) Von B. A. Mertz, 288 S., 38 Farb- und
108 s/w-Abb., Pappband. ●●●●

I Ging der Liebe
Das altchinesische Orakel für Partnerschaft
und Ehe. (4244) Von G. Damian-Knight,
320 S., 64 s/w-Zeichnungen, Pappband. ●

**Bauernregeln, Bauernweisheiten,
Bauernsprüche**
(4243) Von G. Haddenbach, 192 S., 62 Farbabb. 9 s/w-Fotos, 144 s/w-Zeichnungen,
Pappband. ●●●

FALKEN VERLAG

Die Preise entsprechen dem Status beim Druck die

Neue Medien

Programm und Publikum
Der ständige Versuch einer Annäherung.
Beiträge und Reden über das öffentlich-rechtliche Fernsehen. (0874) Von A. Schardt, 67 S., kart. ●●

Computer Grundwissen
Eine Einführung in Funktion und Einsatzmöglichkeiten. (4302) Von W. Bauer, 176 Seiten, 93 Farb- und 12 s/w-Fotos, 37 Computergrafiken, kart., (1301) Pappband. ●●●●

Einführung in die Programmiersprache BASIC. (4303) Von S. Curran und R. Curnow, 92 S., 92 Zeichnungen, kart. ●●

Intelligenz in BASIC
für Schneider CPC 464/664/6128. Mit Diskette 3". (4320) Von K.-H. Koch, 160 S., 4 Zeichnungen, kart. ●●●●●

Lernen mit dem Computer. (4304)
Von S. Curran und R. Curnow, 144 S., 4 Zeichnungen, Spiralbindung. ●●

Computerspiele, Grafik und Musik
(4305) Von S. Curran und R. Curnow, 147 S., 6 Zeichnungen, Spiralbindung. ●●

dBase III
Einführung für Einsteiger und Nachschlagewerk für Profis. (4310) Von J. Brehm, J. A. Karl, 211 S., 23 Abb., kart. ●●●●●

das Medienpaket
Buch und Programmdiskette „dBase III" zusammen (4312) ●●●●●

garantiert BASIC lernen mit dem C 128
Mit kompletter Kurs-Diskette
(4321) Von A. Görgens, 288 S., 4 s/w-Fotos, 3 Zeichnungen, kart. ●●●●

Grundwissen
Informationsverarbeitung
(4314) Von H. Schiro, 312 S., 59 s/w-Fotos, 43 s/w-Zeichnungen, Pappband. ●●●●●

Heimcomputer-Bastelkiste
Messen, Steuern, Regeln mit C 64-, Apple II-, VSX-, TANDY-, MC-, Atari- und Sinclair-Computern. (4309) Von G. A. Karl, 256 S., 50 Zeichnungen, kart. ●●●●

WORDSTAR 2000
Textverarbeitung für Einsteiger und Profis mit erprobten Anwendungen aus der Praxis. (4317) Von D. Nasser, 200 S., 9 s/w-Fotos, Zeichnungen, kart. ●●●●

Drucker und Plotter
Text und Grafik für Ihren Computer.
(4315) Von K.-H. Koch, 192 S., 12 Farbtafeln, s/w-Fotos, kart. ●●●●

Computergrafik
Von den Grundlagen bis zum perfekten 3D-Programm. (4319) Von A. Brück, 296 S., 9 Farbtafeln, 180 s/w-Grafiken, s/w- Zeichnungen, 83 Listings, Pappband. ●●●●

Textverarbeitung mit Home- und Personal-Computern
Systeme – Vergleiche – Anwendungen.
(4316) Von A. Görgens, 128 S., 49 s/w-Fotos, kart. ●●●

Die tägliche PC-Praxis
Anwendungshilfen, Programme und Erweiterungen für MS-DOS-Computer
(4322) Von A. Görgens, 224 S., 25 Abbildungen, kart. ●●●●

FALKEN PC PRAXIS
Desktop Publishing
Setzen und Drucken auf dem Schreibtisch.
(4323) Von A. Görgens, 120 S., 11 s/w-Fotos, 72 Zeichnungen, kart. ●●●

Maschinenschreiben
In 10 Tagen spielend gelernt. Von Unterrichtsmedien Hoppius. (7008) Diskette für den C 64 und C 128 PC ●●●●*
(Best.-Nr. Ariolasoft: 72631)
(7009) für IBM + kompatible. ●●●●●*
(Best.-Nr. Ariolasoft: 78631)
(7010) für Schneider CPC 464, 664, 6128, ●●●●●*
(Best.-Nr. Ariolasoft: 74631)

Lernhilfen

Deutsch – Ihre neue Sprache.
Grundbuch (0327) Von H.-J. Demetz und J. M. Puente, 204 S., mit über 200 Abb., kart. ●●

Maschinenschreiben für Kinder
(0274) Von H. Kaus, 48 S., farbige Abb., kart. ●

So lernt man leicht und schnell
Maschinenschreiben
Lehrbuch für Selbstunterricht und Kurse.
(0568) Von J. W. Wagner, 112 S., 31 s/w-Fotos, 36 Zeichnungen, kart. ●●

Maschinenschreiben durch
Selbstunterricht
(0170) Von A. Fonfara, 84 S., kart. ●

Stenografie leicht gelernt
im Kursus oder Selbstunterricht. (0266) Von H. Kaus, 64 S., kart. ●

Buchführung
leicht gefaßt. Ein Leitfaden für Handwerker und Gewerbetreibende. (0127) Von R. Pohl, 104 S., kart. ●

Buchführung leicht gemacht
Ein methodischer Grundkurs für den Selbstunterricht. (4238) Von D. Machenheimer, R. Kersten, 252 S., Pappband. ●●●

Schülerlexikon der Mathematik
Formeln, Übungen und Begriffserklärungen für die Klassen 5–10. (0430) Von R. Müller, 176 S., 96 Zeichnungen, kart. ●

Mathematik verständlich
Zahlenbereiche Mengenlehre, Algebra, Geometrie, Wahrscheinlichkeitsrechnung, Kaufmännisches Rechnen. (4135) Von R. Müller, 652 S., 10 s/w- und 109 Farbfotos, 802 farbige und 79 s/w-Zeichnungen, über 2500 Beispiele und Übungen mit Lösungen, Pappband. ●●●●●

Mathematische Formeln für Schule und Beruf
Mit Beispielen und Erklärungen. (0499) Von R. Müller, 156 S., 210 Zeichnungen, kart. ●

Rechnen aufgefrischt
für Schule und Beruf. (0100) Von H. Rausch, 144 S., kart. ●

Mehr Erfolg in der Schule
Der Deutschaufsatz
Übungen und Beispiele für die Klassen 5 – 10. (4271) Von K. Schreiner, 240 S., 4 s/w-Fotos, 51 Zeichnungen, Pappband. ●●●

Mehr Erfolg in Schule und Beruf
Besseres Deutsch
Mit Übungen und Beispielen für Rechtschreibung, Diktate, Zeichensetzung, Aufsätze, Grammatik, Literaturbetrachtung, Stil, Briefe, Fremdwörter, Reden. (4115) Von K. Schreiner, 444 S., 7 s/w-Fotos, 27 Zeichnungen, Pappband. ●●●

Richtiges Deutsch
Rechtschreibung · Zeichensetzung · Grammatik · Stilkunde. (0551) Von K. Schreiner, 128 S., 7 Zeichnungen, kart. ●

Diktate besser schreiben
Übungen zur Rechtschreibung für die Klassen 4–8. (0469) Von K. Schreiner, 152 S., 31 Zeichnungen, kart. ●

Aufsätze besser schreiben
Förderkurs für die Klassen 4–10. (0429) Von K. Schreiner, 144 S., 4 s/w-Fotos, 27 Zeichnungen, kart. ●

Deutsche Grammatik
Ein Lern- und Übungsbuch. (0704) Von K. Schreiner, 112 S., kart. ●

Besseres Englisch
Grammatik und Übungen für die Klassen 5 bis 10. (0745) Von E. Henrichs, 144 S., ●●

The Grammar Master
Englische Grammatik üben und beherrschen.
(7002) Von Data Beutner. Diskette für den C 64, C 128 (im 64er Modus) ●●●●*

Richtige Zeichensetzung
durch neue, vereinfachte Regeln. Erläuterungen der Zweifelsfragen anhand vieler Beispiele. (0774) Von Prof. Dr. Ch. Stetter, 160 S., kart. ●

Richtige Groß- und Kleinschreibung
durch neue, vereinfachte Regeln. Erläuterungen der Zweifelsfragen anhand vieler Beispiele. (0897) Von Prof. Dr. Ch. Stetter, 96 S., kart. ●

FALKEN VERLAG

Für die Schweiz: sFr.-Preise gemäß   Preisauszeichnung in der Buchhandlung